リミットレス!

あなたを縛るリミッターを外す簡単なワーク

大嶋信頼
Nobuyori Oshima

飛鳥新社

雨が降る、
ある月曜日の朝——

とうとう、この日はベッドから起き上がることができなかった……。

どうせ誰も自分のことなんかわかってくれない……。
人のことばかり気になっている自分に疲れる……。
何をやってもうまくいかず情けない……。
なんだかすべてが面倒くさい……。

そんな生きづらさを感じていませんか？

どうあがいても心のモヤモヤが消えず、
そこから抜け出そうと抵抗すればするほど、
ますます不安に襲われてしまう。

どうにもならないと、
自分をあきらめている人も多いでしょう。

でも、本来のあなたは
そんな小さな可能性で終わる存在ではありません。

勝手に自分の限界を決めてしまったり、
「自分は価値のない人間だ」と思い込んでしまうのは、
あなたの心のなかにひそむ「**リミッター**」のせいです。

リミッターは無意識に働いて
私たちの自由を奪い、
可能性に制限をかけ、
強い力で幸せとは真逆の方向へと引っ張ります。

では、このリミッターに
私たちは人生の舵を取られてしまうのでしょうか？

いいえ、きちんと取り除くことができます。
それも、とってもユニークな方法で。

この本では、リミッターの正体を知り、
自分のなかにあるリミッターに気づき、
そのリミッターを取り除く方法をお教えします。

リミッターを取り除いた「**リミットレス**」（無制限）の
世界は、驚くほど自由です。
そこは、本当に自分が望むことを表現できる場所。
自分も相手も尊重しあいながら、
豊かに、笑顔で生きられる世界です。

「そんな世界、あるわけない!」

と思いますか?

「イヤ、あるんです」

自由な世界への切符を手にすることは、

決して難しいことではありません。

ただ、**「心のリミッター」を外す**だけ。

今、苦しさから解放されたいと思っているのなら、
それは自由な世界に行きたいと、心が叫んでいる証拠。
さあ、あなたを制限している「心のリミッター」を
外しましょう。

みなさんが自由な世界で、本来持っている自分の力を引き出し、
幸せのなかで生きられますように……。

リミットレス！　目次

第3章 心のリミッターを外す方法

第2章　リミットレス！　お金の悩み編

第5章　リミットレス！　健康の悩み編　211

第1部

あなたを縛りつける「リミッター」の正体

第1章

「不安」が生み出す心のリミッター

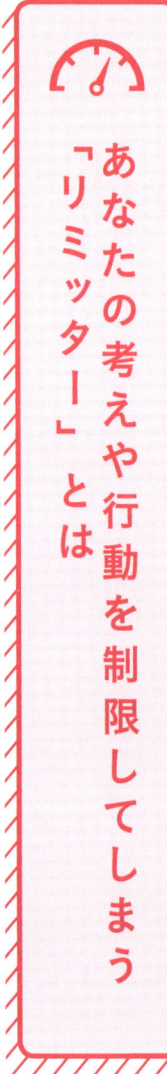

あなたの考えや行動を制限してしまう「リミッター」とは

いったん不安になると苦しみのスパイラルから抜けられない

以前の私は、せっかくの休みなのに「明日からまた仕事だ」などと考えて憂鬱な気分になり、休日を楽しめなくなってしまうことがよくありました。本当は仕事のことなんか考えなくてもいいのに、急に「書きかけていた原稿を終わらせられなかったらどうしよう?」と不安になり、しなくてもいい原稿のチェックをはじめたかと思えば、「もし、このまま書き終えることができず、仕事がダメになってしまったらどうしよう」なんて、新しい不安に襲われる羽目になります。

仕事のことを思い出しついでに、ふと会社のことを考えたりします。すると、以前、ビルの警備員さんが自分にだけ失礼な態度を取っているように感じたのを思い出しました。「あいつめ！」と警備員さんと言い合いをしている場面を想像し、より苦しくなります。

そして、さらに遡って、学生時代に自分だけ飲み会に誘われなかったり話題に入れてもらえなかったりした嫌な思い出などが次々に浮かんできては、薄汚れた気分になって苦しさが増してしまうのです。

待ちに待ったせっかくの休みだというのに、いつの間にか仕事のことや過去の不快な出来事が思い出されては苦しくなっている自分がいました。程度の差こそあれ、みなさんにも身に覚えがあることでしょう。特に月曜の出勤を控えた日曜の夕方などになると、すっかり暗い気持ちになってなにも楽しめなくなってしまいます。

こうして、いったん**苦しみのスパイラル**にハマってしまうとなかなかそこから抜け出せません。この先、自分には希望もへったくれもないような気がして、絶望的な気分になるのです。仕事が思い通りにいかず、みんなから蔑まれたらどうしよう、と惨めな気分で自暴自棄になり、その結果、破綻して路頭に迷ってしまったら……。そんなことを想像して「お先真っ暗だ」とさらに落ち込みます。

不安になるのは「最悪の事態」を避けるための予防線だった？

憂鬱な日曜日の午後を迎えると、私はよく気を紛らわせようとしてひたすらテレビを観たりゲームをしたり、インターネットでどうでもいいことを検索したりして過ごしました。その虚しさといったらありません。でも、いくら生産的ではないとわかっていても、それをやらなければ明日の仕事や生活への不安に襲われるから、続けてしまうのです。

こんな私のような人間は、なんでも否定的に考えてしまう「**マイナス思考の人**」ということになります。「生真面目すぎる人」といってもよいかもしれません。周りからは「もっと気楽に考えればいいじゃないか」とか「真面目すぎるんだよ」などと言われるのですが、本人は別段、自分が真面目であるという自覚があるわけではないし、そもそもマイナス思考をどうやって気楽な方向に変えたらいいのかがわからないから苦しんでいるんだ、と怒りすら覚えてしまいます。

なぜ、こんなことになってしまうのでしょう。こんなふうに、あらゆる悪いことを考えたり思い出したりして苦しくなってしまうのは、いったいどんな症状なのだろうと、心理学の資料をいろいろ調べていた時のことです。さまざまな事例を読みながら、ある時突然、私の脳裏に子どもの頃のあるエピソードが思い出されました。

私は幼少期、ちょっとでも鼻水が出たら「風邪を引いたかも？」と不安になってしまい「お薬が欲しい」と母親にねだるような子でした。すると、「あんたはこの程度のことですぐに薬を飲もうとするんだから」と叱られました。私は「病気を放っておいてこじらせたら学校に行けなくなってしまう、それが心配で早めに手を打とうと思っているのに……」とふくれっ面になったものです。

もしかして、自分のマイナス思考はそれと同じで、心配症なだけなのかもしれない、そう考えたら気持ちが楽になりました。こんな人はそういないかもしれませんが、私は日ごろから、軽い頭痛であっても「もしかしたら、脳の血管が詰まっているのかも？」などと不安に駆られてしまうようなところがありました。そう考える背景には「**あらかじめ最悪を想定しておくことで、大病を避ける**」という思考が働いていたのです。

ということは、私がどんどん将来の不安なことを想像したり過去の人間関係の不快な場面を思い出したりするのは、**これから起きるかもしれない不幸を、未然に防ぐため**なのかもしれない、そう考えたら納得ができます。

同時に「病気かもしれない」と不安になって最悪の病気を想像すればするほど、実際に体調が悪化していたことも思い出しました。胃潰瘍になったり原因不明の発熱で寝込んでしまったり、腹痛で動けなくなったり。つまり、「大病をしたくない」と病気のことで不安になることで、私自身が小さな病気をつくり出して不自由になっていたのです。

先の不幸を未然に防ごうとすればするほど、その不幸が現実化してしまい「ほら、やっぱり思っていた通りになった」と苦しくなっていたような気がしていたのですが、もしかして、それも私がつくり出していることなのかもしれない……。実際、病気への不安から自分を守っていた時は、病気になるのが怖くて旅行もできなかったし、すぐに体調を崩してしまうから運動を継続したこともありませんでした。

不安が強すぎると心の「リミッター」が作動する

これは私の中で勝手に**安全装置**が働いて行動を制限してしまっていたからです。このような**「自分の行動に強く制限をかけてしまうもの」**を本書では**「リミッター」**と定義します。この「リミッター」は、もともと自分を守るためにかかっていることがほとんどなのですが、それがいつしか自分の行動を制限し、足を引っ張ったりするようになることがあります。そうなると、**しなくていい心配事で生活を楽しめなくなったり、不安が先行して思い通りに動けず、自分の力を発揮できなかったり**します。

私はこのリミッターを外すためのさまざまな方法を試みることにしました。そして、あるやり方でそれを解除できるようになると、病気の心配に支配されることがなくなったのです。もちろん、心配しすぎて体調を崩すようなことも、今ではまったく起こりません。

病気の不安から解放されてからは、毎日ジョギングができるようになり、運動を継続している現在の私はめちゃくちゃ健康で、自由にどこでも飛び回っています。

こんなふうに、あなたにも身に覚えのある、「理由のわからない不安に支配されてしまう心のリミッター」を外すことができたら、ものすごい自分になるのではないかと想像して、ワクワクしてきませんか。この本では、その方法をお伝えしていきます。

私たちを苦しめる「リミッター」の正体

将来の不幸に備えて、今の楽しみを放棄する心理

自動車やバイクには、「出せるスピードは○km／hまで」と制限をかける装置が取り付けられています。これは、スピードを上げすぎることによる危険を回避したり、排気ガスの排出を抑えたり、あるいは燃費をよくしたりするために取り付けられる安全装置、いわゆる**「リミッター」**と呼ばれるものです。このリミッターは、さまざまな機械に付けられていますが、私たちの心にも付いているのです。

私の例でいえば、ひとつは「**病気を心配することで、大病を避ける**」ためのリミッター

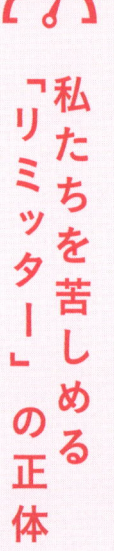

でした。このリミッターには、ちょこちょこ小さな病気をすることで、大病をして人や親に迷惑をかけないようにしている、という役割がありました。

このリミッターのせいで、私は旅行をすれば必ず具合が悪くなって途中で帰ってきていたし、仕事で少しでも無理をすると腹痛を起こし、「これ以上、仕事はできません」という状態になっていました。また、すぐに風邪を引いて仕事を休んだり熱を出して寝込んだりということを繰り返していました。

大病をしないように病気に気を使うがゆえに、しょっちゅう小さな病気にかかっていた、というのは何とも倒錯した状態です。「病気を心配する」というリミッターを外せばいいはずですが、最初は、もし外してしまったらそれこそ本当に大変な病気になってしまうのではないかと不安に襲われ、できずにいました。

でも、ある時思いきってこのリミッターを解除してみたら、以前よりもはるかに健康になり、旅行をしても体調を崩すことはなくなりました。かつてのように、病気を心配することなく、自由に遊びまわることができるようになったのです。

もうひとつ、私のなかにあったリミッターは、「**将来起こるかもしれない大きな不幸を**

想定して、目の前の楽しいことを避ける」というリミッターでした。「アリとキリギリス」の話ではありませんが、「能天気に生きていると、将来不幸になって身の破滅をもたらすぞ」と親から言われ続けていたためか、常に不快なこと、不幸なことを考えて、それに備えるようになりました。そのため、楽しいはずの場面でもイヤなことが次々と頭に浮かび、先にお話しした憂鬱な休日のような状態になっていました。

この苦しみは、いつか起こるかもしれない「もっと大きな不幸」を避けるためのものだったのですが、リミッターを外してみたら、「あれ？　能天気に生きたって不幸にならないぞ」ということがわかったのです。そうなると、日曜の夕方に不安を覚えることもなく、その時その時を自由に楽しめるようになりました。仕事でも「不幸の不安から解放されたら、こんなにいろいろなことができるんだ」と自分でも驚くくらい、効率よく働けるようになりました。リミッターが解除されると発想も自由になり、アイディアがバンバン湧いてきて、毎日が楽しくて仕方ないようになっていったのです。

「私たちは〝安全のため〟という目的でリミッターをたくさん持っているけど、それを外したら、もっと自由に生きられて、これまで自分が考えたことがないような能力を発揮できるのかもしれない」そう考えると、ちょっと面白くなってきませんか？
他にも、私の中にはどんなリミッターがあるのだろうかと探してみたら、あるわ、あるわ、たくさん出てきました。そのうちのいくつかをご紹介しましょう。

次々と見つかる私の中の「リミッター」

長年、私は「人前でうまくしゃべれない」という悩みを持っていましたが、これは「人前でスラスラしゃべって人間関係を壊してしまったら困るので、そうさせないためのリミッター」がかかっていたせいでした。どういうことかというと、まず「うまくしゃべれない」から自分の思っていることをなるべく口に出さないようにします。ところが口に出さなければ出さないほど自分にはストレスが溜まり、やがて溜まった怒りが「ボン！」と爆発してしまいます。こうして、**人間関係を壊さないようにと配慮したことで、かえって人間関係を破壊してしまっていた**のです。

さらに、面白いリミッターを発見しました。それは、「人と親密になれない」というもの。「人と親密になったらいつか相手に傷つけられるかもしれないから、親密にならないほうが安全だと思い込む」というちょっと変わったリミッターです。

このリミッターを外してみたら、面白い現象が起きました。外す前は信用してはいけない人を信用して騙され、信用すべき人を遠ざけてしまうというチグハグな状態になることがよくあったのですが、**リミッターを外したら、人間関係の距離感がうまくとれるようになった**のです。そして、今では信じていい人を信じることができるようになるだけでなく、信じてはいけない人は自動的に私から離れていく、というシステムが出来上がるまでに至ったのです。

最後に、もうひとつ私のなかにあったリミッターをご紹介しましょう。それは「整理ができない」というもの。きちんと整理してしまうと仕事をしていないように見えて、「何も成し得ていない自分の無力さ」を世間様にさらしてしまう。それを未然に防ぐために、あらかじめ整理ができないようにするリミッターがかかっていたのです。

そのため、机の上はいつもゴチャゴチャになっていて、書類の山がいくつもできていました。もちろん頭のなかも整理できていないので、「あれもこれも、やらなければいけないのにできていない！」と、カオス状態に陥っていたのです。

ところが、「整理ができないようにする」リミッターを外してみると、「自分は何も成し得ていないと思い込んでいたのは、身の周りの整理ができていなかったからだ」ということがわかってきました。そして、机の上や引き出しをきれいに整理整頓してみると、その下には自分がこれまでやってきた仕事が、きちんと積み重なっていたのです。それを眺めながら「オレもけっこう頑張ってきたなぁ」という晴れ晴れとした気持ちになりました。

机の上と引き出しの整理が進むにつれ頭のなかも整理されていき、これからやるべきこともそんなに大変なことではないということがわかり、やろうと思ってつい先延ばしにしていたことを、簡単に終わらせることができるようになっていました。

いずれのパターンにおいても、**もともと自分の欠点（だと思い込んでいたもの）を隠すためにかけていたリミッターが、かえって自分の首を絞めていた**というのは興味深い現象です。そして、自分を守ってくれると思っていたリミッターを外してみると、こんなにも自由になるのだということに驚きを感じるとともに、ますますこの〝リミッター〟のことを知りたくなってきたのです。

リミッターは親の「言葉」によって簡単にかけられる

わが子のためにと、親が投げかける言葉が最初のリミッター

この世にはさまざまな「リミッター」がはびこっています。それは常識や固定観念、価値観、世間体、社会規範などによりもたらされるもので、私たちを縛りつけ、本来の力を発揮できなくしていたり、自由に考え、行動をする妨げになっていたりします。

では、いつ、どうやって「リミッター」がかかってしまうのでしょうか？

それは、**子どもを心配する親の「言葉」**がきっかけになることが多いといえます。リミッターの本来の目的は、**「安全に生きられるようにすること」**ですから、子どもが危ないことに巻き込まれないか心配するあまり、親が口をすっぱくして発する言葉によって、リミッターがかかってしまうのです。

たとえば、子どものうちは目先のことしか気にしませんが、そんな子どもを見て、親は「きちんと先のことを考えて行動しなさい」と注意をします。すると、子どもは「もっと先のことを考えないと大変なことになる」と考えるようになります。

先ほども言いましたが、「アリとキリギリス」の話を聞かされて、「能天気に生きたら痛い目にあう」ということも刷り込まれます。

でも、いくら先のことに備えても、嫌なことは起こります。逆に、**先のことを考えれば考えるほど、〝今〟を生きられなくなる**から、今が不幸になるのです。

それなのに親は、「きちんと考えて行動しないからこんな目にあうのよ」と叱ります。前述の「先に起こる不幸なことを想像して行動しなきゃいけない」というリミッターは両親のこうした言葉によってかけられたといっていいでしょう。

本当は、不幸なことを考えれば考えるほど不幸な目にあって苦しくなるのですが、親に「あなたは先のことを考えていないから」と言われるのが嫌で、起こり得るもっと不幸なことを想定し、もっと嫌な目にあうという悪循環になってしまうのです。

そんなリミッターはとっとと手放せばいいのですが、親が与えてくれたものなので、**子どもはリミッターを「自分を守ってくれる大切なもの」と信じてしまう**のです。

私の体験でいえば、私は子どもの頃、「この子は怒りっぽい子だから、かっとなって人のことを傷つけてしまうかもしれない」と親によく心配されました。さらには、「人に暴力を振るったら地獄に落ちるよ！」とも教えられました。

クリスチャンの家庭で育った私にとって、「地獄に落ちる」というフレーズは何よりも怖いものでした。だから、学校で友達から暴力を振るわれてもやり返すことができずに、泣いて先生に訴えたのです。すると、先生からは、自分からいじめっ子に向き合わず、すぐに人の助けを借りようとするのは卑怯だと言われました。板挟み状態ですが、私には「やり返して相手を傷つけたら地獄に落ちる」というリミッターがきっちり入っていたので、どんなに殴られても手を出すことができませんでした。

そして、殴られれば殴られるほど、相手に対しての憎しみが増幅します。こうして私は、「このままでは本当に人を傷つけて刑務所に入り、転落人生を送ることになるかもしれない……」と、他人に怯えるようになりました。親は「子どもの将来を心配して言ってあげたのに」と思っていたのかもしれませんが、当の本人は言いたいことが言えない子になってしまったのです。

ときに、親に生意気なことを言うと、親は「この子は、社会に出て生意気なことを言って、周りから潰されてしまうかもしれない」と心配し、「出る杭は打たれる」とか「高木は風に折られる」（高い木ほど風当たりが強く折れやすい）と私に教えます。

そんなこんなで、私はすっかり「自分が思っていることを人に話すのが怖い」という人間になってしまいました。

親の恐怖心が子に伝わりリミッターを強化する

ここまで読んで「そんな簡単に親からリミッターを入れられちゃうの？」と思う方もいらっしゃるかもしれません。しかし、リミッターとはそういうものなのです。

親の性格やタイプにもよりますが、とくに心配症な親の場合、頭のなかで子どもの心配をする時は相当悲惨な場面を思い浮かべているはずです。その**親の恐怖心が子どもにも伝わり、子どもは親の言うとおりにしないと「怖い目にあう」と思ってしまいます**。こうして、そんな状況に陥らないようにと、子どもの中にリミッターが働くようになります。結果、先の私の例でいえば、人前に出ると緊張して思っていることがしゃべれないようになってしまうのです。人前でうまく話せない私は、つい説明をはしょって物事を進めてしまうことがありました。すると、周りから「自分勝手な行動をとっている」と誤解されたり叩かれたりして、「やっぱり、他人は怖い」と思ってしまいます。そして、叩かれれば叩かれるほど「自分が思っていることを口にしてはいけない」というリミッターが強化されて、私は自由に発言できないようになっていったのです。

ここで、私のところにカウンセリングにいらっしゃった、ある男性のケースをお話ししましょう。彼の悩みは、**のびのびと仕事をすることができない**というものでした。自分で自由に発想して楽しく仕事をしたいのに、自由に発想しようとすると、「そんなことをしたら大変な目にあう」という恐怖が襲ってきて、それ以上考えられなくなってしまうというのです。

お話を聞いていくと、男性のお母様方のお祖父様が「自由奔放な人」ということでした。定職に就かず、浮気を繰り返して気の向くままに生きていた人で、お祖母様とお母様はものすごく苦労されたようです。

そうなると、お母様は「この子は放っておくとお祖父様のように自由気ままに生きるかもしれない。そうすると大変なことになる」と心配します。こうして**自由に発想することへのリミッター**が子どもに備わってしまい、自由に発想しようとすると「危険！」と思考停止状態に陥るようになっていったのです。

男性は、母親に決められた大学に進学し、そして母親が喜ぶようなお堅い企業の事務の仕事に就きました。堅実な仕事ですが、自由に発想することがリミッターによって制限されているので、仕事を続けるのがだんだん苦しくなってきたのです。

そこで、カウンセリングで「自由に発想することへのリミッター」を外してみました。

もちろん、外したからといって母親が心配するように、仕事を辞めてふらふらしたり浮気を繰り返したりするようになることはありませんでした。それどころか、男性はこれまでと違って自由な発想で仕事ができるようになった喜びを感じられるようになったのです。

すると、周囲との人間関係も良い方向に変わっていきました。男性は、これまでリミッターのせいで「自分のようないい加減な人間が友達になっても、相手に迷惑がかかる」と勝手に思い込み、友達付き合いを避けていたのです。リミッターがなくなると、みんなと一緒の時間を過ごすことが楽しくて仕方がなくなり、仕事がイヤで月曜日に起きられなくなるなんてこともなくなりました。

これらのケースから、リミッターは親の心配と、その心配から繰り出される「言葉」によって簡単につくられ、強化されてしまうことがわかります。

そして、**子どもの頃に親から入れられたリミッターは、その人が大人になっても効果が消えることなく、いつまでも私たちの行動に制限をかけて、縛り続けてしまう**のです。

第2章

〈タイプ別〉リミッターの分類と対策

CHECK!

あなたを縛りつけているのはどんなリミッター？

あなたのリミッターはどれ？　代表的なリミッターの分類と特徴

私たちには知らず知らずのうちに、さまざまなリミッターがかけられ、行動や思考を支配されています。それらは気づかないうちに私たちを不自由にし、自分らしく生きることを制限しているのです。

そうなると、果たして自分にどんなリミッターがかかっているのか、気になってきますね。ここに、よく見かける代表的な7つのリミッターをあげてみました。各リミッターにはチェックリストがありますので、当てはまるものにチェックを入れてみてください。4つ以上当てはまるものがあれば、あなたはそのリミッターを持っているということになります。

朝がとにかくつらい！

1 起きられないリミッター

□朝起きた瞬間から嫌な記憶が浮かぶ。
□嫌な気分でどんどん身体がだるくなる。
□夜にイライラしてなかなか寝付けないときがある。
□周りの人に自分は理解してもらえないと思っている。
□必要以上にダメ出しをされることがある。
□能力はあるはずなのに、仕事が思うように進まない。
□自分が誰かに嫉妬されているなどと考えたことはない。

【このリミッターを持つ人の傾向】

朝、起きた瞬間から、頭のなかに不快な記憶や感情がぐるぐるしはじめます。会社であった嫌な出来事、山積みになった仕事、自分にはうまくできないのではないかという不安などが、朝から襲ってくるのです。そんなことを考えていると、頭も身体もだるくなって余計に起きるのがつらくなり、仕事にいくのがだんだん億劫になっていきます。

実は、このリミッターは、**仕事をやりすぎるので、周りの人から嫉妬されて嫌な目にあうのを防ぐ役割**をしています。このリミッターを持つ人は、ひとつのことを追求したら、それを突き詰める力があるので、仕事でも勉強でも他の人よりもできてしまうことが多いのです。しかし、仕事ができるほど上司や同僚からのやっかみなどで嫌な目にあうので、朝から不快な記憶や感覚に浸ることで起き上がるのを億劫にし、テンションを下げて仕事への意欲や集中力を下げ、周りから嫉妬されることを防いでいるのです。

そして一番の問題は、リミッターにより嫉妬されることを防ぐ一方で、口ばっかり達者な「やる気のない人」「仕事を任せられない人」たちから馬鹿にされるようになってしまうこと。嫉妬されないからといって、周囲から軽視され続けると、それはそれで脳内にストレスが溜まっていくのです。

そして、その溜まったストレスが朝の「起きられないリミッター」の威力を増幅させてしまうので、さらに起きるのがつらくて億劫になり、本当に仕事にも支障が出てしまう悪循環に陥ってしまうのです（その結果、「自分は仕事ができない」と思い込んで、より出社し辛くなっている場合もあります）。

この「起きられないリミッター」は自動的に働いてしまうので、どんどん「朝起きられなくて誰からも信用されない人」として、追い詰められていくのです。

【なぜリミッターがかかってしまうのか？】

朝が苦手な「起きられないリミッター」は、職場の人たちからの「嫉妬」でつくられてしまうような感覚があります。

たとえば、仕事を一生懸命にやっていると、「何、あの人、調子に乗って」と嫉妬による陰口を言われて「こんなに頑張っているのに」とショックを受けます。**頑張っているのを評価してほしいのに、「出る杭は打たれる」で、あなたのやったことはなかなか認められません**。その反面、たいして重要でもない事務的な仕事などでミスをしようものなら、みんなの前で責められて恥をかかされたりします。これも嫉妬によるものです。

やればやるほど嫉妬され、嫌味を言われるということを繰り返していくと、このリミッターが働き、朝起きられなくなってしまうのです。

「起きられないリミッター」は、遡ると子どもの頃に端を発します。そして、驚くべきことに、かわいいわが子に母親が嫉妬し、その嫉妬から逃れようとする心理状態が原因のひとつだったりするのです。

たとえば、かわいい娘が生まれると、その娘を溺愛する夫を見て、母親は自分への愛情を根こそぎ持っていかれたと感じ、娘に嫉妬してしまいます。もちろん、母親には「娘に嫉妬している」という感覚がありません（嫉妬は動物的反応ですから）。でもどこかで「この子、生意気」という感覚が湧き起こり、つい余計なことで叱ってしまうのです。

すると娘は、「自分らしくのびのびしているとお母さんから叱られる」と思うので、叱られないように自分らしさを隠して、何ごとも少し手を抜いてダラダラとやるようになります。しかし、それをやると母親に叱られるので、「どうしたらいいの！」と混乱して動けなくなってしまうのです。

これがさらに進むと「起きられないリミッター」が働いて、「だるくて学校へ行きたくない」となります。病気でいれば、嫉妬されたり攻撃されたりしないわけですから。「肝心な場面になると、調子が悪くなって動けなくなる」という現象が起きるのも「起きられないリミッター」が働いているからです。**調子がよくなって嫉妬されることを避けるために、具合が悪くなっているのです。**

advice

嫉妬を受けないように変わることで〝起きられないリミッター〟が必要なくなり、朝の目覚めが楽になります。嫉妬から解放されると、どんどん自由に自分らしく働くことができるようになりますよ。

起きられないリミッターの正体

▼

嫉妬から身を守るための防御装置

何もやる気が出ない

2　動けないリミッター

□やらなければいけないのはわかっているのに、行動に移せない。
□自分へのダメ出しをしてしまう。
□何をやっても虚しいと感じる。
□自分は何もやってこなかった、と後悔することがある。
□無駄が嫌いだが、無駄遣いをして後悔をする。
□成功している人がうらやましいと思うことがしょっちゅうある。
□やる気がないのは、自分だけのせいではないと思っている。

【このリミッターを持つ人の傾向】

やらなければいけないことはわかっているのですが、やる気がなかなか起きません。一歩踏み出さなければ、後悔することはわかっていても、その一歩が踏み出せず、**自分のことを「何にもできないダメな人」と思い込んでしまいます**。

簡単に言ってしまえば「動けないリミッター」は、車でいうところの低燃費を維持するためのリミッターと同じです。「余計な行動をして、時間と労力を無駄にする」ことのないように、行動に対して制御する役割を負っています。

何かやっても、失敗すれば時間の無駄だし、労力をかけても報われなければ、すべてが無駄になってしまいます。どうせ成功する人なんて一握りだし、努力が報われる人なんてほとんどいないわけですから、はじめから動かなければその無駄が省けるというわけです。

このリミッターは、無駄なエネルギーの消費を抑えるために「何もやる気が出ない」という状態にしてくれています。でも、動かなければ動かないでいるほど、自分の願いを叶えようとしない自分にストレスがかかり、そのストレスが脳内に溜まります。

溜まったストレスは怒りとなって「自分は怠け者のダメなヤツ」とか「だらしないダメ人間」というように自分に怒りが向いて、**自分へのダメ出しが止まらなくなっていきます**。自分に対してダメ出しをすると、ますます身体も心もだるくなって動けなくなり、「動けないリミッター」が効きすぎるようになるのです。

【なぜリミッターがかかってしまうのか？】

「動けないリミッター」は、「せっかくコツコツ努力してきたのに、家族のトラブルでぶち壊されてしまった」という経験を持つ人によくみられます。最も一般的なのが「父親の転勤」です。人間関係の構築や勉強をコツコツと積み重ねてやっと自分の世界をつくることができたのに、転勤等で**すべてがもう一度ゼロからになってしまうということを何度も繰り返すと、なるべく無駄なことをしない、低燃費な生き方をする**ようになります。すると、「動きたいのに動けない」となって、引きこもってしまったりします。

他にも、部活などを一生懸命やっていたのに、父親が酒を飲んで家で暴れて「部活どころじゃなくなった」などということが繰り返されても、このリミッターが働きます。

また、母親が病気になったり、経済的な理由で学業を諦めなければならなくなったりした場合も、このリミッターが自動的に働くことがあります。ようするに自分のせいではなくて、家族や他の外的な要因でこれまでの努力が水の泡になるということを何度も繰り返すと、動けないリミッターができてしまうのです。

advice

低燃費走行を維持しようとする「貧乏性の性質」から解放されることで、「動けないリミッター」が必要なくなります。本来、努力も失敗も、すべて自分の経験値を上げて人生を豊かにするものですから、やってみたいと思うことがあれば、ぜひ行動してみましょう。

動けない
リミッターの正体

▼

無駄なエネルギー
消費を抑えるための
制御装置

怒りや嫉妬の感情が抑えられない……

3 正しさ主張リミッター

□マナーができていない人が気になってしまう。
□「仕事ができないあいつが、なんで自分よりも……」と思ってしまう。
□ネットなどで間違っている意見を見ると放っておけない。
□すぐにふてくされた態度になってしまう（自分では気付かないけど指摘される）。
□自分は、まだ本当の実力を出していないと思っている。
□世間体が気になるほうだ。
□人の陰口を聞くことが許せない。

【このリミッターを持つ人の傾向】

ちょっとした人の間違いも許せない人は、道を歩いているだけで「左側通行をしてない」とか、「歩きタバコをするな」とイライラして、ちっとも楽に生きられるようになりません。この「正しさ主張リミッター」は〝人間はみんな平等である〟という幻想から外れないようにしてくれています。このタイプの人は、**リミッターがなくなってしまったら、自分はひたすら正しいことを主張する人になって一般の人の感覚と乖離《かいり》し、孤独になってしまう**からです。

そこで、平等になるために、「なぜあの人ばかり優遇されるの」「どうして自分ばかり貧乏くじを引くの」と嫉妬したりします。そうすることで、一般の人と同じ土俵に立つことができるからです。

さらに、いわゆる世間のルールに従って「間違っている」と人を叱ることで、自分を一般の人たちと同じ世界に封じ込めておくこともできます。つまり、怒ることで自分の能力を封印し、「自分がイライラする相手と同じ」と思うことができるのです。

しかし、本来素晴らしい自分でありながら一般の人と同じでいるため、封印しているエネルギーが発散できず、どんどん膨張していきます。やがて、ありとあらゆることが不平等に見えはじめて怒りが湧いてきます。こうなると、周囲の人はいつの間にか自分から距離を置くようになります。もともと、一般の人からかけ離れて孤独にならないようにかかっていたリミッターのはずが、その目的が果たせなくなるという悪循環に陥ります。

【なぜリミッターがかかってしまうのか？】

このリミッターは、きょうだいがいる人で「兄（姉）や弟（妹）は母親から好かれているのに、なぜ自分は好かれないの？」と感じることから始まったりします。母親の子どもに対する愛情は平等であるはずなのに、平等だと感じられないと怒りが湧くようになります。そして、その怒りを抑圧していると「正しさ主張リミッター」が働くようになるのです。

「あの人は間違っている！」と怒るのは、一見、相手を正して平等な世界をつくり上げようとしているように見えます。でも実際は、他の人に怒り無駄なエネルギーを浪費することによって、**自分の能力を下げて「みんなと一緒で平等」の世界をつくっている**のです。

きょうだいのなかで突出してできる子は（あるいはその逆の場合も）、母親から手をかけられず、それを「愛されていない」と感じるため、自分の能力を他者への怒りでそぎ落とし、平均、またはそれ以下になって、母の注目を得ようとするのです。みんなと同じだったら愛される……そんな幻想を元に、正義感を振りかざし自分のエネルギーを削ってしまうのです。他者のために怒ってもなんの得もないのに、自動的に「正しさ主張リミッター」がきいてしまうのです。

きみはいつもよくやってくれるね
なんであいつばっかり…

advice

本来の自分で生きても人は離れて行かないし、孤独にもならない、ということを知れば、正しさを主張するリミッターは必要なくなります。このリミッターを外してみると、いかに世間一般のルールが自分を不自由にさせていたのかがわかります。

正しさ主張リミッターの正体

▼

自分だけ素晴らしい人にならないための制御装置

将来に希望が持てない

4 自虐リミッター

□何をやってもうまくいかないと感じることがある。
□自分は何も成し遂げていないのに、何かを成し遂げたふりをしている。
□周囲の人の意見に流されやすい。
□いつも最悪の事態を想定してしまう。
□感情があるふりをしているが、周りに合わせているだけで実感がない。
□いつも焦っている感覚がある。
□周りの意見に左右されて結局何もできない、と感じることがある。

【このリミッターを持つ人の傾向】

何をしたってうまくいかないし、どんなに努力したって変われない、これまで自分が成し遂げたことは何もないし、この先も何ひとつ成し遂げられないで終わってしまうのではないか……。「自虐リミッター」を持つ人は、こんなふうに自虐するのが特徴です。

このリミッターがなければ、世の中のすべてを悟ってしまい、「なにもかもが虚しい」という心境になってしまうと思っています。こうした「悟り」にも似た境地に達してしまえば、努力は必要なくなるし、何をするのも意味をなさなくなります。こうなると、この世界で欲や執着（ひとつのことに心を奪われ、離れられないこと）にまみれて生きている家族や周囲の人たちとかけ離れていきますが、それが忍びないから、自虐リミッターを使って自分を責め、あえて執着する対象をつくり出そうとするのです。

自分を責め、さまざまなものに執着する身体になることで、この世に生きている実感を得ると同時に、欲や執着、そして矛盾にまみれている家族や周りの人と

同じになろうとしますが、そのために「自虐リミッター」を使っているので、ますます自分を責めて、欲や執着にまみれる世界にとどまろうとするという悪循環が生まれてしまいます。

するとと自分へのダメ出しだけではなく、やがて家族や周囲の人にまでダメ出しが広がっていき、このリミッターを持つ本来の意味すら失われて、虚しさでいっぱいになってしまいます。本来はみんなと同じ世界に生きるためのものなのに。

【なぜリミッターがかかってしまうのか？】

このリミッターは、「動けないリミッター」と同じ状況、つまり、自分の努力が家族や他の外的要因で水の泡と化すようなことが重なると装備されます。

「動けないリミッター」との違いは、家族や他の要因が原因であるのにもかかわらず**「自分が悪いからこんなことが起こったのだ」と原因を自分に求めてしまう**点です。自分の努力が無駄になったからといって、他者を責めても何も解決をしない、でも、自分のなかにある怒りが消化できないので、怒りの矛先を自分に向けてしまうのです。

そして、すべての原因は自分にあると考え、自分に怒りを向ければ怒りを外に出さずに済むので、自分が高尚な人になった感覚が得られます。ところが、そうなると家族や周りの人たちとかけ離れてしまうのではないか、とも思うようになるので「自虐リミッター」を使ってあえて俗世間にまみれてみるのです。

成功や才能に執着している身体をつくり出して、「自分は何も成し遂げられないし、この先、なんの希望もない」と自分を蔑み、将来を悲観することで、家族や他の人からかけ離れてしまうのを避けているのです。

advice

「なにもかもが虚しい」と悟ったところで、周囲の人たちとかけ離れるようなことはないと知れば「自虐リミッター」は必要なくなります。そうなると、執着にまみれることの虚しさを知りながらも、みんなと生きる喜びを感じることができるようになります。

自虐リミッターの正体

▼

悟ってしまうことで、みんなと同じ世界に生きられなくなることを止めるための制御装置

相手の感情や気分に振り回される

5 空気読みすぎリミッター

- □不機嫌な人がいると気になって何とかしたくなる。
- □誰かといる時、沈黙するのが苦手。
- □つい調子のいいことを言って後でつじつまが合わなくなる。
- □約束したのにドタキャンしたくなる。
- □いつの間にか、やりたくないことをやらされている。
- □相手が怒っていると「自分が何かをやらかした?」とまず考える。
- □約束が守れなくて、よく言い訳をする。

【このリミッターを持つ人の傾向】

不機嫌な人がそばにいると、どうしても気を使ってしまいます。そして、**気を使えば使うほど相手に振り回されて、すごく惨めな気持ちになります**。後悔して「もう絶対に人のことは気にしない」と思っても、やっぱり不機嫌な人を見ると、また気になって同じことを繰り返してしまいます。

このリミッターは、自分の隠れた万能の力を発揮して、周りの人の人生を変えるような影響を及ぼさないように働いています。自分らしく生きてしまうと、優れた能力を発揮して周りの人に劣等感を与えてしまい、惨めな人生にしてしまうことを恐れているのです。

そのため、**他人の感情を安定させることを第一に考え、自分らしく生きることを避けよう**とします。しかし、他人の感情に安定なんてないわけですから、延々と自分らしく生きることを避け続けることになります。こうして、相手に振り回されて、自分らしく生きられないことで惨めな気持ちになります。そして、相手の人生を惨めにしないようにやっていることなのに、自分が惨めな思いをするので、相手に対して怒りが湧いてきます。知らず知らずのうちに、その怒りが相手の人生に影響を及ぼして、相手の人生も惨めなものにさせてしまうのです。

せっかく相手の人生に影響を及ぼさないようにこのリミッターを効かせているのに、結果的に相手の人生を惨めで無意味なものにしてしまうのです。

【なぜリミッターがかかってしまうのか？】

このリミッターは、本来自分を守って愛してくれるはずの母親が、いつも悩みを抱えていて「子どもを愛している場合じゃない」と自分のことにかかりっきりになっている場合に装備されます。

そんな母親を見て、子どもは自分が本来の優れた「万能」の姿になってしまったら、母親がますます惨めでボロボロになってしまうと思うので、本来の自分の姿を封印します。「そうだ、自分のことじゃなくて、人のことばかり気にして考えていたら、自分の本来の姿は簡単に封印できるんだ」ということに、幼い頃に気が付いてしまうのです。

そして、**自分のことで頭がいっぱいになっている母を心配することで、自分も母親と同じような惨めな気持ちになる**ことができます。人の気持ちを常に気にしていると「どうしよう……」とオロオロするので、本来の堂々とした姿をさらけ出す必要がなくなるのです。

つまり、自分が他の人のことを気にしてオロオロ、ビクビクすることで、母親や他の人に惨めな思いをさせるのを避けているのです。

advice

自分がどんなに自由に生きても相手の人生に影響が及ばないことを知れば、このリミッターは必要なくなります。このリミッターがなくなれば「私ってこんなにできる人だったんだ」と感動するでしょう。人の気持ちを気にすることがどれだけ自分の足枷《あしかせ》になっていたのかがわかり、自由を満喫できるようになります。

空気読みすぎ
リミッターの正体

▼

万能感を発揮して、周りに劣等感を与えないための制御装置

人からどう見られているか気になって仕方がない

6 人の目気にしすぎリミッター

□世間体が気になる。
□人からの批判がものすごく気になってしまう。
□食事は自分が食べたいものじゃなくて相手に合わせることがある。
□人目を気にして、計画していることが二転三転してしまう。
□調子がいいことを言ってしまって後悔することが多い。
□「こんなに相手のことを考えているのに、なぜわかってくれないの?」と怒りが湧くことがある。
□自分のやっていることは理解されないと思っている。

【このリミッターを持っている人の傾向】

自分で計画を立てようとはしますが、「人からどう思われるのだろう？」と考えてしまうと、当初の計画とはどんどん違ってしまい、本当に自分がやりたかったことがわからなくなってしまう傾向があります。**人からどう思われるのかを気にしすぎて自分のやりたいことを見失い、「自分は何も成し遂げられない」と、どんどん自信を失ってしまう**のです。

このリミッターを持つ人たちは、自分にはユニークな才能があって、その才能を発揮してしまうことで周囲の人たちの調和を乱すことを恐れています。そこで調和の乱れを防ぐために「人の目気にしすぎリミッター」が働くのです。

周囲の人からどう見られているかを気にすることで、才能を封印することができます。「これをやったら、あの人からひんしゅくを買うかもしれない」とか「あんな発言をしたら、あの人から冷たい目で見られる」などと考えて自分のなかから湧き出てくるアイディアや意欲を封印します。すると、平均かそれ以下のレベルに自分を落とすことができるので、周囲との調和を乱すことがなくなります。

でも、「人の目気にしすぎリミッター」を使って自分の能力を封印して周りに合わせても、ちっとも感謝されないばかりか、むしろ「がっかりした」的な対応をされてしまいます。

自分を犠牲にして相手に合わせているのに感謝もされずに冷たい対応をされるので、相手に怒りが向いてしまうのですが、やっぱり「人の目気にしすぎリミッター」が働いてしまうので、いつの間にか相手の気持ちに流されてしまいます。

すると怒りが発散されないまま蓄積されるので、体調を崩したり、精神的にダメージを負って苦しくなってしまったりします。

【なぜリミッターがかかってしまうのか？】

「空気読みすぎリミッター」と同様、「家族に守ってもらえたり、愛してもらえたりするはずなのにそれが叶わない」状況で、このリミッターは装備されます。

「空気読みすぎリミッター」は、とくに母親が機能していない状態で装備されるのに対し、「人の目気にしすぎリミッター」は、多少家族は機能していることもあるのですが、「子どものほうが親よりも優秀」という場合に働きます。

自分がさまざまな能力に長けているせいで家族から愛されなくなると思い、**周りの意見を聞いて、自分の突出した才能を露呈しないようにする**のです。つまり、周りからどう見られているのかを常に考えることで自分を平均かそれ以下に合わせることができるようになり、周囲からのけ者になることを避けようとしているのです。

advice

自分が周囲に気を使わなくても自動的に調和が保たれることがわかれば、「人を気にするリミッター」は必要なくなります。このリミッターがなくなると、誰に気を使うことなく、自由に自分の才能を発揮することができるので、楽に生きられるようになります。

「人の目気にしすぎリミッター」の真相

▼

才能を発揮して、周囲の人たちとの調和を乱さないための制御装置

お金や仕事、健康など心配事が多すぎて何も楽しめない

7 心配症リミッター

- □お金の心配が常にある。
- □お金は将来のために取っておくべきだと考える。
- □将来、病気になったらどうしようと考えることがある。
- □常に失職することを恐れている。
- □せっかくのチャンスを逃すことが多い。
- □周囲から信用されていない（自分の安全しか考えないから）。
- □自由を感じられない。

【このリミッターを持つ人の傾向】

この先もこの仕事を続けていけるのか？ この給料で老後は大丈夫なのか？ など将来の不安が絶えず、「このままじゃダメかもしれない」と思って転職を考えたりします。

でも、「転職して相手の期待に応えられずクビになったらどうしよう」とか、「無理に仕事をして体調を崩してしまったらどうしよう」などと考えると身動きが取れず、また、今の仕事にも集中できなくなり、ますます不安になるというネガティブなループにハマりがちです。

このリミッターは、絶え間ない好奇心や冒険心で人生のレールから逸脱して崩壊してしまうことを防いでくれています。**常に最悪な事態を想定し、備えることで自動的に好奇心は抑えられ、冒険する意欲を打ち消す**ことができます。それにより、常に一番安全な道を歩むことができ、危険を回避することができるはずなのです。

しかし、いつでも最悪を想定してしまうので、仕事が順調でも、常に「そこにある危機」のことが浮かんできてしまいます。そのため、喜んだり楽しんだりすることができません。何をやるにしても、それは**危機を回避するためにやっているので、「何のために生きているのかわからない」という苦しみに苛《さいな》まれてしまいがち**です。

【なぜリミッターがかかってしまうのか？】

このリミッターは、両親の家系に、浮気やギャンブル、アルコール・薬物依存、借金癖などの人がいて、「この子も将来あんなふうになってしまうのでは？」と心配されることから装備されます。

問題を起こす父親などへの怒りが「子どもに対する心配」に変換された時に「心配性リミッター」が母の怒りとともに注入されて、子どもは「新しいことをするのが怖い」とか「将来が怖い」などということを考えるようになってしまうのです。

心配症リミッターの正体

▼

冒険心により、人生のレールから逸脱することを防いでくれる制御装置

advice

安定した人生を送るためには、冒険心や好奇心などは持たないほうが良いという「見えないレール」に縛られています。しかしそれらは小さい頃に親や教師から入れられたものだと知ることで〝心配性リミッター〟は不要になります。一度だけの自分自身の人生をどのように生きるかが自由に選択できるようになり、どんどん楽しく豊かになっていきます。

リミッターはあなたのためを思ってかけられる

ここまでに7つのリミッターについて見てきましたが、よく考えてみると、どのリミッターも、ユニークな才能や個性があるがゆえに、周りの人から嫉妬されたり混乱させたりするのを防ぐためにかかっているということが見えてきます。

そして、このリミッターを外してみると**「心配していたようなことなんて、ぜんぜん起きない」**ことがわかります。それどころか、「こんなに自分ってすごいの」とびっくりしたり、周囲の人とうまくコミュニケーションを取れるようになったりして、「あの苦しみは何だったの?」という感じになることがほとんどです。

次の章からは、あなたの心のリミッターを外す方法を説明していきましょう。

第3章

心のリミッターを外す方法

催眠療法を学んだ私の体験

催眠学習にチャレンジした学生時代

私は学生時代、「なぜ、勉強の効率が上がらないのだろう」とよく悩んでいました。勉強時間はたっぷりとっているのにちっとも記憶されていないことに焦りを感じ、そして、焦れば焦るほどきちんと記憶できないということを繰り返していました。

そんなある日、ふと「催眠療法で暗示をかけて記憶力を高めたらいいのではないか」と思いついたのです。私はさっそく本屋さんに行って「催眠を使って記憶力を高める本とテープ」なるものを買ってきました。

そのテープは夜寝る前に聴くもので、「あなたは赤いカーペットが敷いてある階段を一段、一段、ゆっくり降りていきます……」という言葉から始まり、「あなたの無意識の中にある記憶力の扉を開けて……」と続きます。いわゆる誘導催眠の内容でした。それを聞いているうちにいつの間にか寝てしまい、起きてから勉強をすると、どんどん記憶できるというものです。

「これ、本当に効くの？」と半信半疑で勉強をはじめたところ、なぜか嫌な記憶ばかりが思い出されてきます。どうやら、私にとってこの教材は、勉強の記憶力の扉ではなく、過去の不快だった記憶の扉を開けてしまったみたいなのです。結果、勉強に全然集中できず、試験の結果が散々だったのを覚えています。

その後も、さまざまな催眠学習にチャレンジしました。それらの本を読んで実践し、成功したものがひとつあったのですが、それは「夢のなかで勉強をして、確実に身につける」というようなものでした。

不思議なことに、勉強をしてから寝ると、勉強した以上の範囲のことがスラスラ覚えられて喜んでいる夢をみたのです。そしてその翌日、偶然なのか、試験を受けると夢のなかで勉強した問題と同じような問題が出たのでスラスラ答えを書くことができ、高得点を取ることができました。

これはすごい！ということで、再度試してみましたが、悲しいかな、それ以降は同じことを再現することはできませんでした。夢のなかで勉強をしようとするのですが、朝になるとまったく夢の内容を覚えていませんでした。この方法も、試験で役に立たないため、結局、催眠学習をあきらめてしまいました。

催眠をアルコール依存症の治療に使えないかと思い立つ

大学を卒業後、私はアルコール依存症のクリニックでカウンセリングの仕事をするようになりました。その時に思っていたことが「患者さんの話を聞くだけでは、治療に時間がかかりすぎる」ということでした。

カウンセラーの仕事は話を聞くことですし、たしかにお話を聞いているだけで患者さんは苦しみから解放されたりするのですが、私はもっと早く、簡単に治療ができたら……という思いが捨てきれませんでした。そして、学生時代に実験した**「催眠療法」**をきちんと学んでみたいと思うようになりました。

催眠療法をマスターすれば、催眠をかけるだけで、お酒を飲むのが止められず苦しんでいる人が飲まなくても済むようになるのではないか、そう考えたのです。

そして、催眠療法を学ぶために、ある先生の元を訪ねました。私が想像していたのは、いかにも〝○○療法士〟というオーラでいっぱいの高尚な感じの人でしたが、出てきたのはただのサラリーマンのようなおじさんだったので、拍子抜けしてしまったのを覚えています。

そして、そのやり方を見てますます「本当にこの人から催眠療法を習って大丈夫なのか？」と不安でいっぱいになりました。なぜなら、私のイメージしていた催眠とは、「あなたの悩みは私の声とともに消え去っていく」「悩みが一瞬にして消え去っていく」というような、テレビでたまに見る催眠術のような方法でしたが、この先生が教える催眠は**「その症状を通して、あなたの心があなたに語りかけていることを聞いてみましょう」**といった具合で、直接「症状を消す」「悩みを消す」というものとは、まったく違っていたのです。

催眠療法の師匠に学んだ「心の声」を聞く方法

はじめて自分の心の声を聞く

私は、イメージしていた催眠療法とは違うことを不満に思い、別のところで習おうと、そこを去る決心をしていました。とはいえ、本当にこれで治せるのかどうか、まったく試さずに去るのも嫌だったので、催眠の研修中に、みんなの前で私の悩みを先生に相談してみました（その時の私の気持ちは、「どうせ、なにをしたって私は変わらないだろう」というあきらめモードでした）。

その時に相談した私の悩みは、「部屋のなかで落ち着いていられない」ということでした。その頃の私は、テレビを観ていてもチャンネルを頻繁に替えて、立ったり座ったりと落ち着きませんでした。椅子に座って勉強をしようとしても、ものの10分もしないうちに「あ、お風呂の水を止めたかな？」と立ち上がってはチェックをしにいきます。そして、また少し経つと今度はコンロの汚れが気になって掃除をはじめてしまうといった具合でした。

立ったり座ったりを頻繁にしていて、座ってもお尻を落ち着かせることができないので、私の椅子の座面はすり減ってボロボロになっていました。「そんな古い椅子、捨てちゃえよ！」と友達から言われるのですが、古くてぼろいのではなく、落ち着かなくてソワソワしているから、ボロボロになっていたのです。

「これって性格的なことだし、うちのおやじだって落ち着きがない人だから、遺伝なのだろう」と思っていました。なので、「どうせ、治せるわけがない」となかば投げやりな気持ちで、先生の前に「さあどうぞ」と自分をさらけ出したのです。

先生は、私を催眠状態にいざなうと、**「心に聞く」**ということをしてくださいました。私は催眠に入りながら、「心に聞くっていったって、どうせ聞くのは自分なんだから、自分のわかっていることしか答えないでしょ」と、心が返してくるであろう答えを予測して、待ちました。

先生が「心よ、家で落ち着くことができないのには、意味がありますか？」と質問します。私は頭のなかでは「意味なんかあるわけがない」と思っていました。ところが、私の心はなぜか、「ハイ！　あります」と返答をしています。

「先生に誘導されているだけだから」と内心思っていると、次に先生は「心よ、どんな意味があるのか知ることができますか？」と聞いてきました。私は、頭のなかで「理由なんて、わかるわけがないじゃない」と思っていたのですが、心はなぜか「ハイ！　知ることができます」と勝手に答えていたのです。

その瞬間、私の頭のなかに、惨めだった子どもの頃の記憶が静かによみがえってきました。小学校の低学年の時に、みんなから馬鹿にされて泣きながら帰宅し、親にも「何を泣いているの！」と叱られて、ワンワン泣きながら布団の上に座って祈っている自分が思い出されました。

そして、あの時、「ソロモン王のようにみんなよりも賢くなりたい！」と祈ったことを思い出します（当時の私にとっては、ソロモン王こそが賢者の象徴だったのです）。そして、ソロモン王のように賢くなりたいのと落ち着きがないのとは、どう関係があるのだろう？と思った時に、先生が「**心よ、どう関係しているの？**」と質問をしてくださいました。

するると、私の頭のなかに、「動き回ることで、ありとあらゆる知識を吸収している」というイメージがゆっくりと浮かんできたのです。見ていないようで、実は動き回りながらさまざまなことを見ている自分が見えてきたのです。

できなかったことが徐々にできるようになっていく

私はずっと、自分のことを「落ち着きがなくて、みっともない」と恥じていました。そして、どうしても落ち着くことができない自分を陰で嫌っていました。

それなのに、みんなから馬鹿にされないように、常に動き回ってありとあらゆる知識を吸収しようとしている自分の姿を見た時に、「もういいよ！」「もう十分だよ！」と声をかけてあげたくなったのです。

その時、不覚にも私の両方の目から涙が溢れてきました。催眠から戻していただいて、みんなの前で涙をぬぐっている私には、不思議と不安がありませんでした。「みんなから馬鹿にされる」と常にビクビクしていた私は、もうそこにはいなかったのです。「ここにいていいんだ」と思うと同時に、もう動き回る必要がなくなった安心感を噛みしめていました。

不思議だったのは、その日、家に帰ってテレビをつけた時のことです。いつもだったらチャンネルを頻繁に替えてしまうはずですが、なぜかその日はテレビを消してすぐに寝ることができました。

それからというもの、徐々に私は、部屋のなかで落ちついて過ごすことができるようになっていきました。やがて、先生に頼まれた原稿を、ゆったりと椅子に座って落ち着いて書けるようになっていったのです。今まで歩き回って吸収してきた知恵と知識を使って。

この体験を経て、ただのおじさんに見えた催眠の先生は、私の「お師匠さん」になったのです。

あなたの中にいる「心」という親友

催眠療法を通じて過去の自分とつながる

ある時、お師匠さんに催眠にかけていただいている時に、面白い体験をしました。あまりにも不思議な体験なので驚かれるかもしれませんが、「**過去の自分と対面をして、その自分に声かけをしてあげる**」というものでした。

私は催眠のなかで、小学校時代の惨めで孤独な自分がいる場面に向かいました。冬の寒空の下、親も友達も誰もいない場所で、ひとりで凧をあげて虚しい気分になっている自分がいました。

その凧は、近所のおじさんにもらった特殊な凧で、羽がいくつもついていて、くるくる回りながら空高く上がっていきます。「ほら、こんなに高く上がっているよ」と友達や親に自慢したかったのに、そこには誰もいません。

催眠のなかで、そんな子どもの頃の自分がすごくかわいそうになりました。その時、お師匠さんに「そんな自分になんて声をかけてあげたいのですか？　その言葉を自分にかけてあげてください」と言われました。

私は、「君は大丈夫だよ、つらいかもしれないけど、そのままの君でいいんだよ！」と声をかけてあげたくなり、その言葉を当時の自分にかけてあげると、涙がとめどなく溢れてきました。

その瞬間、なぜ、この凧の場面を思い出したのか、そのわけがわかりました。私は鼠色の寒空の下で凧をあげていた子どもの頃、どこからともなく「大丈夫だよ、そのままの君でいいんだよ」という声が響いてきたことを思い出したのです。それはとても印象的で、強く記憶に残っていました。

つまり、お師匠さんがかけてくださった催眠によって、**現在の私が幼い頃の自分に投げかけた言葉が、時空を超えて当時の幼かった私の頭に響いた**のかもしれないと考え、納得したのです。それまでは「『そのままの君でいいんだ』なんて、寂しさのあまり自分に都合のいい言葉を思い浮かべただけに違いない」と思っていたのですが、今思えば、その言葉があったからこそ、くじけることなくつらい人生をこれまで生き続けることができたのです。

あの心の声は、将来の自分から幼い頃の自分へかけた声だったんだ、と思ったら、ものすごく嬉しくなって安心感に包まれました。

こうして、お師匠さんの催眠で、過去の惨めだった自分につながることができました。その自分に催眠状態のなかで声をかけてあげた時に、その声は時空を超えて幼い私の脳につながって、その優しい言葉を届けてくれたと考えるようになったのです。

そして、その優しい言葉が、それから起きるたくさんのつらいことを乗り越えさせてくれました。つらくなると「君は大丈夫だよ！」というあの時の声を思い出すようになりました。

「心よ」と呼びかけるだけで催眠と同じ状態へ導く

こうしたちょっと不可思議な体験を経て、私はカウンセラーとして、お師匠さんの催眠療法を使うようになりました。ある時、生きる苦しみを抱えた男性がカウンセリングを受けにいらした時のことです。私が催眠療法を施すと、男性は私が師匠にしていただいた時と同じように、自分が幼かった頃、正気を失った母親から「あんたは私の子じゃない！」と言われて殴る蹴るの暴行を受け、冬の雪が降る中、裸のまま外に出された場面が見えてきたのです。

男性は、寒いし、悲しいし、そして何よりも「この先大変なことになる」という絶望感に打ちひしがれている幼い自分に、「いつも一緒にいるからね」と優しく声をかけてあげて、温かい涙を流しました。

催眠状態から戻った時、男性は「先生、子どもの頃のこの場面で、私は母親から外に出されて、寒いうえに、恥ずかしい気持ちでいっぱいだったのですが、その時、私の後ろに光る人が立っていて、その姿を感じました。そして、その光る姿を感じた時に、幼い頃の私は、不思議と温かさを感じていたのです」と、溢れる涙をぬぐいながらお話ししてくれました。

「あ、私と一緒だ」と思いながらも、「なんだったんでしょうね」と男性に微笑み、とても温かい気持ちになりました。

お師匠さんの催眠療法は、**時を超えて自分自身とつながり、優しい言葉を引き出してくれます**。ただ、この催眠療法は、催眠状態に入るまでの導入に時間がかかるという難点がありました。

私は「この感動をもっとたくさんの人と共有できればいいのに」とその効果を認めつつも、催眠に入れるまでが大変なこの催眠療法に苦手意識を持っていました。そして、もっと簡単な方法はないだろうかと模索していたのです。

そんな時、お師匠さんがある学会の基調講演で「『催眠』という言葉を使うだけで、催眠に入れることができる」というようなことをおっしゃっていたのを思い出しました。催眠という言葉だけで催眠に入れることができるのだったら、お師匠さんが使っている

「**心よ**」というフレーズだけで催眠状態に入れて、優しい言葉とつながれるのではないか？　という考えが浮かんだのです。

そこで、お師匠さんの催眠のトレーニングの合間に、頭のなかで「心よ、私は私のために何ができるの？」と呟《つぶや》いてみました。すると、次の瞬間に「チョコレートが食べたい！」という思いが出てきました。

私は寒い冬の夜、さっそくコンビニにチョコレートを買いにいきました。実は私は子どもの頃から甘いものを食べるのはよくないと言われていたこともあり、それまで何年間もチョコレートを食べていなかったのです。レジで精算し、店のすぐ外で銀紙を剝がして「カリッ！」とひと口かじってみました。

すると「もっと、自分に優しくしていいんじゃない」と私の中にあの優しい言葉が響いてきたのです。涙が溢れそうになり、慌てて東京の星の少ない空を仰ぎ見ました。

そう「私はダメだ、何にもできていないから頑張らなければ」とこれまで必死に勉強をしてきた自分がそこにいたのです。「もっと自分に優しくしてあげて」という言葉が再び響いて、チョコレートが優しく私の口の中で溶けていきました。

私は自分自身でしばらく試してから、催眠療法が苦手なクライアントさんにもこの「心よ」と呼びかける方法を使ってもらうことにしました。すると、やはり私と同じように優しい言葉がクライアントさんを助けてくれることがわかったのです。

「心よ」と質問の先頭につけることで、催眠の導入をしていないのに、催眠状態の時と同じように心の声を聞くことができました。 そしてこの心との対話が、あなたを縛りつけているリミッターを解除してくれるのです。

「心の声」は頭で考えていることとは違う

慣れてくると心は何でも答えてくれる

催眠療法で受けた「**優しい声が助けてくれる体験**」が忘れられず、それからというもの、私は迷った時は必ず「心に聞く」ことをしています。

たとえば、新しいノートパソコンを買うか、それともバッテリーを交換してそのまま使い続けるかなどといったささいな悩みについても、心に尋ねるのです。「最新のパソコンが欲しい」という考えが湧いてくる一方で、「新しい物好きでそうやって口実をつくっては無駄遣いばかりして」という否定的な思考も出てきます。すると、無駄遣いをして惨めな気持ちになっている自分の姿が浮かんできてしまいます。

そこで、「心よ、僕は新しいパソコンが欲しいと思っているの？」と質問をしてみました。すると「思っている」という答えが浮かんできます。さっきまでの「無駄遣い」という否定的な思考は、そこにはありません。

次いで「心よ、どうして新しいのを買ってもいいの？」と聞くと、「成長に合わせて自分に合ったものを買う必要があるでしょ」と言われます。

たしかに、洋服などは成長に合わせて買い換えていきます。パソコンだって、それと同じなのだと思うとスッキリし、私は最新の高性能パソコンを買うことにしました。

頭だけで考えていたら、おそらく中間をとって適当な格安パソコンを買い、結局使い勝手が悪くて、自分が欲しいものじゃなかったと後悔していたかもしれません。

また、週末になると、ゆっくりしたいと思いつつも、やっていない仕事がたくさんあることが浮かんできて、書類の山が机に重なっているのを思い出す癖があります。

「せっかくの休みだからゆっくりしたい」と思うのですが「サボっている」という罪悪感が湧いてきてしまって、「こんなんじゃ休んだ気になれない」と思うのです。

普通に考えれば、単なる心の中の葛藤です。「やるべきか、休むべきか。それが問題だ」という具合にグダグダ悩んで、しまいには面倒くさくなり、心に聞いてみようということになります。

「心よ、今日は仕事をしたほうがいいの？」と聞いてみると、「今日やってもいいアイディアは出てこないから、休んだほうがいい」という答えが浮かんできました。

「本当？」自分の心の声を疑い「心よ、ただサボりたいだけなんじゃないの？」と質問をしてみると、「今日は楽しんで。明日になったらものすごくいいアイディアが浮かんでくるから」という思考と同時に、明日の自分が、新しいアイディアを、まるで宝物を見つけたように喜んでいる姿が浮かんできたので、「よし、今日はとことん遊ぶぞ」と決心することができました。

こうして、休日は目いっぱい遊んで英気を養い、翌日には、すっきりした気持ちで仕事をこなすことができたのです。

知らず知らずのうちに母親の考えていることを考えている

いまお話ししたふたつのエピソードには、共通点があります。それは**「罪悪感」**

です。自分の喜びのためにお金を使うことへの罪悪感、そして仕事を忘れて遊ぶことへの罪悪感がありました。

無駄遣いへの罪悪感について考えると、子どもの頃は、何を買うにも母親に「これを買ってもいい？」と聞いては、「いつもあんたは無駄遣いばっかりして」と母から嫌な顔をされていたことを思い出します。自分のお小遣いなのだから自由に使えばいいのですが、幼い私は、母親に許可してもらわないでお金を使うと、なんだか悪いことでもしているかのような気持ちになったのです。でも結局は何を買っても「無駄遣い」と責められるので、気持ちよくお金を使った記憶はありませんでした。

また、休むことへの罪悪感を掘り下げていくと、夏休みに「まだ宿題をしていないの？」と毎日のように母親から責められていたのを思い出しました。せっかくの夏休みなのに、「今日もなにもやっていない」と言われてしまうと、休んでいる気になれず、何をやっても「後ろめたい」気持ちになっていたのです。友達はみな、生き生きと夏休みを満喫しているのに、私はまるで石の陰に隠れているダンゴムシのような気持ちになっていました。母親の目を気にして自由に楽しむことができずにいたのです。

でも、よくよく考えてみると、母親は、無駄遣いをして経済的破綻をしないように心配をしてくれていたのです。また、休み癖がついて怠惰な人間にならないようにと助けてくれていたのです。

あなたの「思考」はあなたのものではない

催眠療法を使って過去や未来の自分につながり、その自分が助けてくれるという体験をすると、「**自分以外の人との脳のつながり**」というものを感じるようになります。この脳のネットワークは、時空を超えて幼い頃の自分の脳につながって助けたり助けられたりしていました。

もし、そういう脳のネットワークがあって、それが親ともつながるとしたら、どうでしょう。私がお金を使ったり休んだりする時に「罪悪感」を感じるのは、同じようにそれらに罪悪感を抱く母親の考えを敏感に察知したからではないでしょうか。

たしかに、私の善悪の基準は、すべて母親でした。何か「正しいことをしよう」と思う時も、自然と母親が浮かんでいました。これではもはや、**自分が意識して物**

事を考えている時は、母親の脳を使っているといっても過言ではありません。「そんなことをしたらみっともない」とか「世間に顔向けできない」などと人目を気にして自由に生きられないのは、心の声に従っているのではなく、頭の中でごちゃごちゃと思考しているからです。その時は、自然と母親の脳につながって、母親の判断を仰いでしまっていたのです。

そう考えてみると、面白い仮説が生まれます。普段、私たちが頭で考えていることは、実は母親や父親の脳とつながって生み出されているものであり、その思考に反発したりねじ伏せられたりして、私たちは本来の姿では生きられなくなっているという説です。「ダメ人間にならないように」と親から心配され続けた影響で、自由に物事を選択できず、妥協して本当に求めているものは得られずに、時が過ぎてしまいます。

つまり、思考とは「**外部から入れられているもの**」なのです。自分の頭から湧き出てきたことのように思えますが、両親をはじめとする誰かに影響されて出てきます。つまり「**あなたの思考は、あなたのものではない**」のです。

誰かの思考であっても、それで幸せになれればいいのですが、たいていの場合、その思考によって、私たちは罪悪感を抱き、心配と不安でいっぱいになり、自由になることへの恐れを持つようになります。

これこそが、私たちの自由を奪う心の「リミッター」の正体なのです。

「心の声」は自分の正直な気持ち

しかし、「心よ」と問いかけた時は、これと違った答えが得られます。それは、未来の自分や過去の純粋な自分とつながって、私たちを優しい声で助けてくれるからです。

なぜ優しいかというと、**心の声は私たち自身だから**です。正しいとか間違っているといった、「世間」を基準にした答えではなく、本当の自分のことを知っているから、心がベストな答えを教えてくれるのは当たり前なのです。

心という「親友」のような存在は、もちろん、あなたのなかにもあります。あなたのなかにも、絶対に自分を幸せに導いてくれる心が存在しています。

ただ、その存在に気づいていないだけ。または、信じていないだけです。

心に聞くと、なぜリミッターが解除されるのか

心への問いかけは「無意識」へのアプローチ

でも、なぜ心と対話をするとリミッターが外れるのでしょうか。その答えのヒントになったエピソードをご紹介しましょう。

以前、催眠のお師匠さんから「ここからニューヨークまでの行き方は何通りぐらいありますか？」と質問されたことがありました。私はアメリカに行ったことがあったので、まず、成田発のニューヨーク直行便があって、シカゴ経由やダラス経由もあるから3通りくらいかな、もしかしたら船でも行けるかもしれないから……などあれこれ考えていました。すると、隣の席に座っていた男性が「無限です」と答えたのです。そしてそれを聞い

たお師匠さんが「そうです、無限です」と嬉しそうに話しはじめました。ここで、自分が勝手に「予算」や「時間の都合」といった〝常識〟で発想を縛っていたことに気がついたのです。そんな常識がなければ、どういう行き方でも、たとえば、箱根で温泉に入ったあとギリシャのアテネに寄って、さらにローマで噴水を見てからニューヨークへ！　なんて方法だって「あり」なのです。「たしかに行き方は無限だなぁ」と、安直な発想しかできなかったことを悔しがったのを覚えています。

師匠は「制限があるのが〝意識〟。しかし〝無意識〟には制限がなく無限の可能性が広がっている」とその後に話してくださいました。意識で考えてしまうと「最短の時間で行くのが常識」「いや、最安値を選ぶべき」などと、せっかくの可能性を潰して、リミッターがかかったままの面白くない選択肢以外ないと思い込まされてしまうのです。

「心よ」と問いかけている時は〝意識〟ではなくて〝無意識〟にアプローチをしています。無意識は、あらゆる可能性にひらかれていて、制限するものは何もありません。私がこれまで常識に縛られて本来の自分のままに自由に生きられなかった状態から解放してくれるのです。

普段の私は、常識に縛られてにっちもさっちもいかない状態に陥ってしまいます。「あれをやってもダメ」、「これをやってもダメ」と次から次へと可能性が潰されていき、「自分は不自由に生きることしかできない」と思い込んでいたのです。ところが「心よ」と無意識に質問をしてみると「なんだ、こんな可能性があったのか」ということを教えてくれます。そして、心が教えてくれたことを実践してみると、私はどんどん意識的な常識から解放されていき（つまりリミッターが解除されていき）、お先真っ暗だった絶望的な状態から一転して「無限の可能性が目の前に広がっているかも」と思えるようになったのです。

思いもよらない答えを返してくる

少し前にも「やっぱり心はリミットレスだ」と思える印象的な出来事がありました。

ある朝起きると、身体がだるくおまけに熱っぽい。私は、風邪を引いたかもしれないと思いました。「今日の仕事は大丈夫かな、このまま寝ていようか」と不安で暗い気持ちになります。そこで、「心よ、私は風邪を引いているの？」と聞いてみました。すると、「そんなの気のせいだから」という答えが返ってきます。「え？　でも本当にだるくて熱っぽいんですけど」とちょっと心にムカつきます。一方で、「本当に私は調子が悪いのか」と自分の常識を疑いはじめます。「心よ、この身体の調子の悪さはどうしたらいいの？」と聞いてみると「走りに行けば！」と勝手な答えが返ってきます。

「だから、風邪かもしれないと思うぐらい調子が悪いんだって」と思いつつも、心に従ってジョギングをすることにしました。しばらく走っていると「ハクション！」とくしゃみが。「もう花粉が飛んでいるんだ」ということがわかりました。「心よ、もしかして私は花粉症のせいでだるかったの？」と聞いてみると「そうだよ」と教えてくれます。そして心から「走って腸の調子を整えれば大丈夫だよ」と優しい言葉が返ってきた時に、不思議な感動がわき上がってきました。勝手なことばかり言っている心が、私が想像もしていなかった可能性から、きちんと適切なことを教えてくれていたことがわかったからです。心は私を本当の意味で自由にしてくれる優しい存在なのです。「心よ、疑ってごめんね」と伝えると「ノープロブレム」と返ってきます。「本当に心はリミットレスだな」と、思わず笑えてきました。

毎年、私は定期的に何日も「風邪を引いた」と寝込んでいたのですが、それは、私の間違った思い込みから起きていたことで、私の生活を不自由にしていました。心はそこから私を解放してくれて、どんどん健康状態をリミットレスにしてくれるのです。

心と対話をしてみよう！

心の声は自分を甘やかし自由にする

「心よ」と問いかけると、何かしら答えが返ってきます。でも、最初のうちは、「これって、単に自分の頭の中で考えていることじゃないか？」と思うかもしれません。

どうしても心の声が聞こえない、頭に浮かんだことしか返ってこない……そういう方もいらっしゃるでしょう。では、そういう人にもできる、「心の声」を聞くための方法をいくつかご紹介しましょう。

「心の声」といっても、基本的にはただの自分の「思考」のひとつですが、普段何気なく考えている「思考」とは異なります。普通は両親や祖父母、または現在のパートナーや、相談する友達など、周囲の人の考えに影響されており、その人たちがあなたのために「良かれと思って」いたり、あるいはイライラしたりしている「思考」が伝わり、それが「私が考えていること」のように思い込んでいます。

たとえば私の場合、仕事で嫌なことがあって「疲れたからサボりたい」と思ったとします。すると「もう人のために働くのはイヤ」とボロボロになった母親の姿が浮かびます。この「サボりたい」は母親の脳につながっているから、出てくる思考だったりします。でも次の瞬間に、「仕事をサボるなんてとんでもない！」と「サボりたい」を打ち消す思考も出てきます。その時は、病気になっても1日たりとも会社を休まず、毎週教会に通っていた勤勉な父親の脳とつながっているので、「サボれない」という思考になってしまうのです。

こんな場合でも、**「心よ」と先頭につけるだけで、両親の思考から解放されて、自分本来の思考とつながる**ことができます。それは、未来の自分なのかもしれませんし、もしかすると、直近の、まだ両親から影響を受けている、変わっていない自分の脳とつながってしまうのかもしれません。

自転車でいうと、自転車に乗りはじめの頃、「両サイドについていた補助輪をとりましょう」という状態が、ちょうど「心に聞く」の初期段階です。

フラフラしていて、すぐに「ダメだ」と足をついてあきらめてしまいそうになります。しかし、周りを見て自由にスイスイと自転車を乗りこなしている人がいると、「自分にもできるはず」と思えてきます。だから、転んでも再び立ち上がって、フラフラしながらもペダルを漕ごうとします。

やがてペダルを漕ぐことができるようになると、ふらつかないでまっすぐに走れるようになっていきます。ペダルを漕ぐことができなかった時は、あんなにフラフラしていて安定しなかったのが、心に聞き続けるとまっすぐに進んでいる自分がいて、これまでと違った風景が見えるようになり、楽しくなるのです。

誰のものでもない本当の自分の考え

両親という補助輪を外すのは、怖いことなのかもしれません。これまで自分を「転ばないように」と守ってきてくれたものですから、そう簡単に手放すことができないような気がしてしまいます。だから「心になんて聞けない」と思ってしまいがちです。

でも、**心に聞くという行為は、本物の自問自答**なのです。特別なことでもなんでもなく、両親に入れられた「この子はこの先大丈夫かしら?」といった思考に縛られた催眠状態から解放されて、自分の本心を聞くことができる自問自答が「心に聞く」なのです。

心に聞くことに慣れないうちは、「そんなの普段から自分が考えていたことだよ」と思うかもしれませんが、聞き続けているうちに、これまでと違った風景が見えるようになります。「心に聞けない」と思ったり、「うまくできない」なんてあきらめモードになったりしたら、「心よ、私と心の間に誰が邪魔しているの?」と質問してみましょう。

その時に母親の姿が浮かんだなら、**「心よ、お母さんからの邪魔を排除して」**とお願いします。それを繰り返しているうちに、脳のネットワークが、自分以外の人から、自分自身へとシフトしていき、本当の自問自答の世界へと入っていくことができるようになるのです。

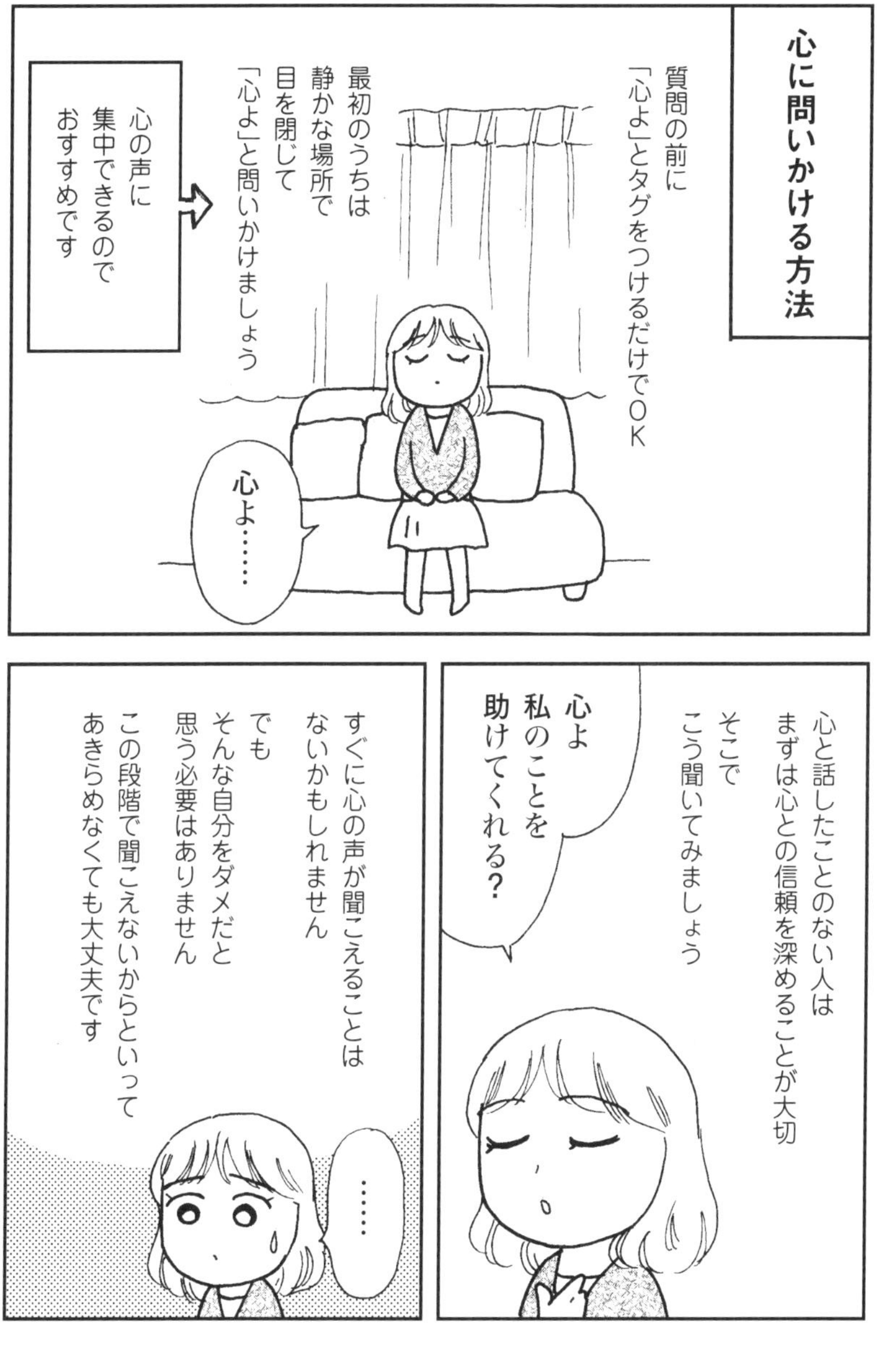
心に問いかける方法
質問の前に
「心よ」とタグをつけるだけでOK
最初のうちは
静かな場所で
目を閉じて
「心よ」と問いかけましょう
心の声に
集中できるので
おすすめです
心よ……
心と話したことのない人は
まずは心との信頼を深めることが大切
そこで
こう聞いてみましょう
心よ
私のことを
助けてくれる？
すぐに心の声が聞こえることは
ないかもしれません
でも
そんな自分をダメだと
思う必要はありません
この段階で聞こえないからといって
あきらめなくても大丈夫です
……

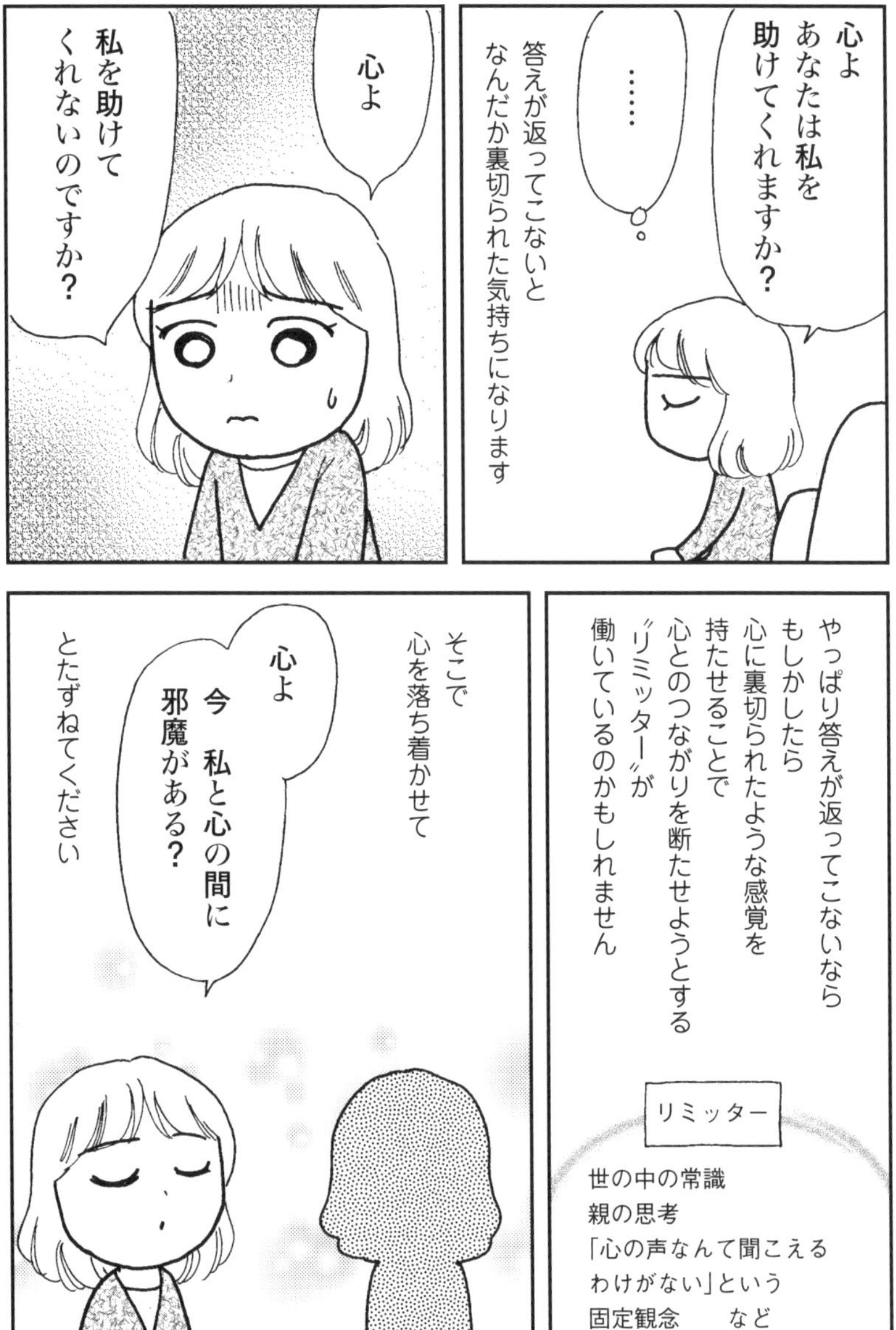
心よ　あなたは私を　助けてくれますか？
……
答えが返ってこないと　なんだか裏切られた気持ちになります
心よ
私を助けて　くれないのですか？
やっぱり答えが返ってこないなら　もしかしたら　心に裏切られたような感覚を　持たせることで　心とのつながりを断たせようとする　〝リミッター〟が　働いているのかもしれません
リミッター
世の中の常識
親の思考
「心の声なんて聞こえる　わけがない」という
固定観念　など
そこで　心を落ち着かせて
心よ　今　私と心の間に　邪魔がある？
とたずねてください

なぜかスッキリしない答えが聞こえたら
それは「思考」からくる声でリミッターが邪魔をしています
なに言ってるの?
わからない
もう一度心を落ち着かせて同じ質問をしてみましょう
心よ…
邪魔がある
もしこう返ってきたり何も返ってこなかったら邪魔しているものの正体を聞きましょう
誰が邪魔しているの?
「誰が邪魔しているの?」と聞いて「パッ」と頭に浮かんだ人がそれです
邪魔しているものの正体がわかったらこう聞きましょう
心よ邪魔を排除することはできる?
できる
そう答えてくれたら
邪魔が排除できたら教えてね
……と伝えて心から「できた!」と返ってくるまで待ってください

実際
最初のうちは
疑いがあるかもしれません
本当に私の
心の声なの？
そういうときは
そのつど
心よ
これは私のもの？
と
聞くようにしてください
心からの答えに
スッキリ納得できなかったり
心地よさを感じなかったりするとき
それらはたいてい
誰かに入れられた「思考」ですから
入れた人に返してしまいましょう
それが
母親なら
心よ
その感覚は
母親に返して
…とお願いします
なんだか
安心する…
「心」はいつでも自分の味方です

とはいえ どうしても心の声が 聞こえないことはあります
心よ 俺はもう会社に 行きたくないんだけど どうしたらいい？
今の会社に このままいても いいのか？
心の声なんて あるのかなぁ
自分で 思っているだけ じゃないのか？
……
……
ちっとも答えて くれないじゃないか
ちぇっ
…まぁ オレは催眠術に かからないタイプだし
心の声なんて 聞こえないさ！

雨が降る
ある月曜日の朝――
ザァァ…
ピピピピ…
もう朝か…
雨だし…
会社…行きたくないなぁ…
やることがたくさんありすぎて終わりが見えない
給料いつから上がってないんだろう
売り上げが上がらない…また会議で責められる
今度ヘマしたらクビかな…

でも行かないと！今日は朝から会議があるんだ
あれ…？変だぞ
体が動かない…
また遅刻するよ
くそっ！なぜいつもこうなんだ⁉
なぜオレは肝心な時にうまくいかないんだ‼
もういいよ

え⁉
いま…
誰が…⁉
よく頑張ったよ
ここらで少し
休んだらどう？
…うん…
それが心の声だったのかは
わからないけど
僕はその声に従って
はじめて会社をサボった
こんなにゆっくり
休んだのは
いつの日以来だろう——

ここまでお読みいただいて、自分のなかにどんなリミッターがあるのか気づくことができたでしょうか？


リミッターは決して「悪いものばかり」ではありません。

自分を守るためにいつの間にか身についてしまった、生きる術でもあったのです。

でも、それが私たちを不自由にし、「自分らしく生きる」ことを制限してしまうということであれば、もう必要ありません。手放してしまっていいのです。


第1部では、リミッターとは何か、なぜリミッターがかかってしまうのか、さらに、あなたを縛り付けているリミッターを分析した上で、私が「心に聞く方法」を使って、リミッターを解除できるようになった過程について書きました。

「心に聞く」という方法は突拍子もないように思えますが、私がこれまで学んできたどの心理療法よりも強力で、本人にとって、もっともしっくりくる答えを得ることができる方法です。

それは、**常識や固定観念を超えた、あなた自身の本当の声だから**なのでしょう。対症療法ではなく、本人の思いを根本から変えてしまうため、二度と同じ状況に陥ることのない、シンプルかつ最強のメソッドです。

さて、後半の第2部では、私のところにカウンセリングに訪れたクライアントさんのなかから、心との対話を繰り返すことでリミッターを外し、人生を変えることができた方々の事例をご紹介します。

仕事、お金、親子関係、恋愛、健康の悩みについて、そこにどんなリミッターがあり、それがなぜつくられたのか、どうすればリミットレスになれるのかを、心と対話しながら見つけ出していく過程をご覧ください。
きっと、あなた自身や身近な人にも思い当たるような事例があるでしょう。

なお、事例では、どのクライアントさんもすぐに心との会話に入り、スムーズに答えを見つけているように読めるかもしれませんが、実際には**私と一緒に何度も丁寧に「心に聞く」ことを繰り返し、徐々に聞くことができるようになった方がほとんど**です。

ですから、読者のみなさんも、はじめのうちは心の声が聞こえなくて当たり前です。それでも心に問い続けていれば、必ず心の声を聞けるようになりますので、あきらめずに心との対話を試みてください。

そして、いったん心とつながることができると、心はいつどんな時もあなたの善きアドバイザーとして力を発揮してくれるようになるでしょう。

何をやってもうまくいかない時、迷った時、心に問いかけるだけで、心はあなたが本当に望む道を指し示してくれるようになるのです。

まさに、**最強の親友が常に一緒にいてくれる**ような心強さを感じられるようになるはずです。

第2部

事例に学ぶ「リミットレス」への手がかり

第1章

リミットレス！ 仕事の悩み編

心の声がなかなか聞こえない

男性は、少し緊張した面持ちで私のカウンセリングルームを訪れました。おそらく、カウンセリングを受けるのがはじめてなのでしょう。これから何をされるのか、そもそも心理カウンセラーなるものがどういう人物なのか。不安そうに室内を見まわしています。もしかしたら、白い壁、白い床、白い天井の医療施設のようなところに通され、白衣を着たカウンセラーが登場するのを想像し、必要以上に身構えていたのかもしれません。

私のカウンセリングルームは、仕事用デスクと書棚、そしてソファとテーブルがある、普通のオフィスのような設《しつら》えになっています。そして私も、白衣ならぬ、明るい色合いのシャツにデニムのラフないでたち。にこやかに男性を迎え入れ、椅子にかけて楽にするよう促します。

簡単なあいさつをすませると、入室時の緊張が解けてきたのか、男性は少しずつ悩みを打ち明けはじめました（要約したのが、次のケース①の内容です）。

ケース①

相手の反応が気になって不安のループから抜け出せない

42歳・男性・会社員

以前、一度だけ上司から「よくやった！」と好評価を受けたことがありました。それ以来、「次も上司の期待に応えなきゃ」と自分にプレッシャーをかけて仕事をしていますが、実のところ「あれはたまたま運が良かっただけで自分の実力じゃない」という感覚がぬぐえません。実際、それ以降はちっとも成果をあげることができていません。

そのため、上司に「こいつ、口ばっかりでちっとも成果をあげないじゃないか。本当は実力がないのかも」と思われているのでは……と不安になってしまいます。

そして、不安になればなるほど自信を失って、仕事が思うように進まなくなってしまう……そんな悪循環を繰り返しています。

男性は今、仕事上の悩みを抱えています。上司からの評価を気にしすぎて、思うように仕事が進められないという悩みです。そして、仕事がうまく進まないと、上司にダメ出しされるのではないかと心配になり、さらに仕事がうまくいかなくなるという悪循環にハマっています。

「相手の期待に応えなきゃ……」という男性の悩みを聞きながら、「その気持ち、わかる」と共感しました。かくいう私も、相手の期待に応えようとすればするほど「口ばかりで嘘つきなヤツ」と思われたらどうしようと、すぐ不安になるからです。いったいなぜ、仕事に支障をきたすほど他人の評価が気になってしまうのか。

「原因を知るためにあなたの**心に聞く**という方法を使ってみましょう」

とお伝えしました。

すると、男性は

「〝心に聞く〟ってなんですか?」

と尋ねてきます。

当然ですね。そこで私は、

「自問自答のようなものだと思ってください。これは**質問の冒頭に〝心よ〟というタグを付けて、自分自身の心に質問していく**という方法です」とお答えします。

「では、目を閉じてください。そして『心よ、私のことを助けてくれますか』と心の中で聞いていただけますか？」とお願いします。

すると男性は「何も答えは返ってきませんけど」と言います。私は「質問をした次の瞬間にパッと頭に浮かんだことでいいんですよ」とお伝えします。それでも男性は「いや、何も聞こえません」と言うばかり。「自問自答ですから、声が聞こえなくてもいいんですよ」と言いますが、それでも「なにも湧いてきません」と頑《かたく》なです。

そういう時は、私はごく簡単な例を使って自問自答していただきます。たとえば、こんな具合です。

「わかりました。では、こうしましょう。〝心よ〟とつけなくていいので、私から質問されたらなんと頭に浮かぶか答えてください。今、お腹が空いていますか？」

すると、男性は「『別に空いていません』という答えが浮かびました」と答えてくれました。

「今の答えが〝思考〟ですよね。今と同じような感じで、今度は質問の冒頭に〝心よ〟とつけるだけでいいんです」

「……」

「何か返ってきましたか？」

「いや、何も返ってきません」

男性は焦ってきたようです。次に「心よ、私と心の間に邪魔があるの？」と質問してもらうと「別に何も反応ありません！」と、ちょっとイライラしてきた様子。

私は「じゃあ、もうひとつだけ質問させてください」とお伝えして、男性に「『心よ、誰が邪魔をしていますか？』と質問をしたら誰がパッと浮かびますか？」と尋ねました。

すると、「**会社の同僚……？**」とやっと答えてくれました。

次に「心よ、同僚からの邪魔を排除してください。排除できたら教えてください」とお願いしてもらいます。

男性は「あ、いなくなりました」と言うので、続いてもう一度「心よ、今、私と心の間に邪魔がありますか？」と聞いてもらうと「まだあるみたいです、母親が浮かびました」

と答えてくれました。

少しずつコツがつかめてきたようです。すかさず今度は「**母親からの邪魔を排除してください**」とお願いすると「あ！　排除できたみたいです……」との返事。ここでもう一度、先ほどの質問「心よ、私と心の間に邪魔があるの？」と聞いてもらうと、今度は「ない！」という答えが浮かんできたと言います。

そして、次の質問「心よ、私のことを助けてくれる？」という問いには『いいよ』と答えを返してくれました」と嬉しそうに教えてくれました。

母親が無意識に入れてしまう「あなたは価値がない存在」という思い込み

男性は徐々に心に聞くコツをつかんできたようです。ここまできたら、今度は悩みと直結した、具体的な質問をしていきます。まずは、「心よ、なぜ上司の評価が気になってうまく仕事が進まなくなるのですか？」とストレートに質問してもらいました。すると、「友人からも会社からも〝自分はいらない人〟だと思われていると、入れられている」という答えが浮かんできました。

男性は、思ってもみなかった答えが自分のなかから出てきたことに混乱している様子です。「なんですか、これは？　〝入れられている〟って何？」と慌てつつも、たしかに友達からも会社からも、自分は必要とされていないのではないかといつも感じていたと、正直な気持ちを教えてくださいました。

そこで「心よ、入れられているって誰から、どんな感覚を入れられているのか？」と質問をしてもらいました。すると〝心〟は、「**『自分は価値がない存在である』と母親から入れられている**」と言います。

でも、母親は自分を大切にしてくれたし、自分を理解してくれていると思っていたので、男性は、まさか母親がそんなことを思っているはずはないと、猜疑心でいっぱいになりました。そこで、男性は心に尋ねます。

「心よ、なぜ母親は〝価値がない〟なんていう感覚を入れてくるの？」

「母親は自分だけがあなたに価値を見出し、必要としていると思っている」「だから、あなたに母の元に帰ってきてほしくて〝外では価値がない〟という考えを入れている」

まだ腑に落ちない男性は「心よ、どういうこと？」とさらに聞いてみると、『母親以外には自分の価値がわからない』というリミッターを入れられている。だから、上司のことを信じることができない」と教えてくれました。

さらに、「上司が自分の価値をわかってくれると思うことができれば、上司の脳とつながり、相乗効果で仕事を効率よく進めることができるのに、上司には自分の価値はわからないと思っているので、上司の脳とつながることができず、思うように仕事が進まない」ということもわかったということです。

母親の価値観を植えつけられた畑を「更地」にする

たしかにこの男性は、いつも「自分ひとりでなんとかしなきゃ」と思っていて、上司の意見をあまり聞いていませんでした。男性は、「自分は人の話を聞かない悪い癖がある」と思っていたのですが、実は「上司に自分の価値はわかってもらえない」と無意識で思っていたから相談できなかったのです。

男性は、「心よ、だったらどうすればいいの？」と聞くと、返ってきた答えは、「**耕してしまって更地にしなさい**」でした。

その瞬間、男性の目の前には、雑草がびっしりと生えている畑が広がりました。雑草だと思っていたのは、母親が植えつけた花々で、目の前で咲いては散ってを繰り返しています。そこを耕運機のようなもので「ドーッ」と耕やす様子をイメージすると、土と植物が攪拌《かくはん》されて、一面、綺麗な土色に変わっていきます。

すべてが耕された状態になった時、〝心〟は「耕して〝自分には何もない〟状態になった今、そこに上司がおまえの仕事に合った種を蒔《ま》くだろう。そして、上司が更地に蒔いた種がやがて木となり実を結ぶだろう」と教えてくれました。

〝心〟は、おいしそうな果実が豊かに実るその畑のイメージを、男性に見せてくれたのです。その瞬間、男性は自分の求めていたものがわかりました。**自分は上司からの評価を気にしていたわけではなくて、実りある仕事ができないことに悩んでいたことに気づいた**のです。

他人から否定されることを恐れなくなる魔法の言葉

少しずつ自分を解き明かしていった男性は、さらに心に聞いてみます。

「心よ、更地にするって具体的にはどうしたらいいの？」

すると〝心〟は「更地にする、ということは、〝自分には何もない〟と唱えるだけでいい」と教えてくれました。

さっそく、男性は上司の評価が気になって不安になるたび**「自分には何もない」**と唱えてみました。すると、弱々しい自分の姿が浮かんできては消えていったそうです。その時に思い出すのは、母親から「あなたは体が弱いんだから」とか「肝心な時に体調を崩すんだから」と言われていたことだと、話してくれました。

ところが、「自分には何もない」と唱えてしまうと、そんなこともどうでもよくなって仕事に集中できるようになっていきました。淡々と仕事を進めながら、仕事の進捗《しんちょく》をちゅうちょなく上司に報告することができるようになったそうです。なぜなら、「どうせ否定されたって、元の更地になるだけ」という安心感があるからだと言います。

また、否定されることを恐れずに上司に報告をすると、不思議と上司はそこに新しいアイディアがひらめくようなことを言ってくれると話してくれました。「正しく評価してくれない」と思っていた上司が、きちんと自分の仕事を評価し、的確にサポートをしてくれるようになったというのです。

「自分には何もない」と唱えていたら、いつの間にか素晴らしい自慢できるような仕事を達成していて、「お〜、すごい」となることもあるそうです。つまり、「自分には何もない」というのは、あきらめの言葉ではなくて、自分自身のこれまでの経験などをすべて肥やしにして、自分が本当にやりたい仕事をするための土壌を耕すものだったのです。

そう思ったら、「自分には何もない」と唱えることで、豊かに実る果実をイメージできるようになり、仕事で成果が出せるようになったと言います。

POINT
こうすればリミットレス！

「自分には何もない」と唱える

リミッターの正体は、母親から入れられた「母親以外には自分の価値はわからない」という感覚。それが、他の人からの評価を上手に受けとめられない原因でした。相手の評価が気になって思うような成果が出せず焦っているなら、あなたのなかにも同じようなリミッターがあるかもしれません。

ケース②

「仕事を終わらせられないかも……」急に不安になり夜中に目を覚ましてしまう

36歳・女性・ウェブデザイナー

ウェブデザインの仕事をしていますが、「受注した仕事を締め切りまでに終わらせることができるのだろうか？」と不安になって、夜中に目が覚めてしまいます。実際は工程通りに進んでいるのですが、お客さんからの無茶振りでスケジュールがずれてしまい、万が一、終わらなかったらどうしようと不安になるのです。そして現実には起こっていないのに、「なぜ、こんな無茶振りをするお客さんの仕事を引き受けたんだろう？」と後悔します。同時に、「私が不満だらけで仕事をしていたら、お客さんからのクレームで仕事がキャンセルになってしまうかも？」とさらに不安になって眠れなくなります。

眠れないので仕事をしていると、「なぜ私が、こんなに無理をしなきゃいけないんだ！」

と怒りが湧いてきます。そして布団に入るのですが、やっぱり夜中に目が覚めて「仕事をこのまま仕上げることができず、暗礁に乗り上げちゃったらどうしよう」とまた不安になる毎日です。

なんでもできなきゃダメ！　と思っていませんか？

眠れず、仕事に集中できず、思うように仕事が進まなくなってしまった女性の相談者。彼女にはいったいなんのリミッターがかかっているのかを探るため、〝心〟に聞いてもらいました。「心よ、何が起こっているの？」

すると、「**自分の中にある無限を受け入れなさい**」と返ってきました。なんのことを言っているのかわからなかったので、「心よ、無限を受け入れるってどういうこと？」と、女性は質問してみました。

すると〝心〟は「『なんでもできなきゃダメ！』と思っているでしょ。それが、あなたのリミッター。だから、そのリミッターを外して『無限である』に変えちゃえばいい」と言います。たしかに女性は、「お客様の要望にはなんでも応えて、なんでもできなきゃ！」と思っていました。そのくせ、「そうはいっても、私の能力には限界がある」と思って不安になっていたのです。

「なんでもできる！」と言ってないと仕事を受注できないと思っていたので、「なんでもできるんでしょ？」というお客さんが集まり、要望がエスカレートした結果、心の余裕を失ってしまったのです。

つまり、自分が「なんでもできる」と大風呂敷を広げてしまったせいでお客さんのわがままを増長させてしまい、そのわがままに振り回されていたというわけです。そして、そんなお客さんに不満を持ち、お客さんとの関係を壊してしまうのでは……と不安になっているという、本末転倒な状況になっていました。

自分の価値を制限しない

そうはいっても、「無限である」などと思ったら、無茶な仕事がたくさん舞い込んできて、さらにひどい状態になるのではないかと不安になった女性は、「心よ、無限なんて思ったら、よけいに状況を悪化させちゃうんじゃないの？」と質問をしてみます。

すると〝心〟は「**制限があると、相手はそこを超えてこようとするが、制限がなければ相手は本当に欲しいものしか求めなくなる**」と答えてくれました。

その瞬間、女性の中である状況がパッとひらめきました。「そういえば、お客さんに『それはちょっと難しいかも』と伝えると、『そこをなんとか……』とゴリ押ししてくる人が多い気がします。こちらが何も言わなければ無理な要求をしてこないのに、『それはちょっと難しいかも』と制限をかけた途端に、無理難題をふっかけてくるお客さんが多い。ということは、私が制限をかけたから、お客さんがわがままになったってこと？」

女性が「心よ、そうなの？」と確認してみると、〝心〟は「それだけじゃない」と言います。「あなたの価値も無限なのだから、適正な料金を請求できるでしょう」と教えてくれました。

心にそう教えられ、女性は「あ、そうか！」と叫びます。「自分はこれしかできないから、これ以上はお金を請求できない……」と思って謙虚な見積もりを出していたし、「自分には実力がないから、最初の見積もり通りにやらなきゃ」と無理をしていたと話してくれました。

でも、そうではなく、自分の価値も無限なのです。今までは、お金を請求するときに申し訳ない気持ちがあった彼女でしたが、「自分の価値が無限なら、いくら請求してもいいんだ」という気分になったことで、大変な仕事をしたならその分、「これだけかかります」としっかり請求しようという気持ちになり、無理難題をいうお客さんに対する怒りが吹き飛んだそうです。

「自分の中の無限」を信じる

とはいえ、「本当に私にそれができるのかな？」と不安になった女性は、「心よ、どうしたら不安がとれるの？」と質問してみました。

すると、〝心〟は「『自分の中の無限！』と唱えてごらん。私は常に一緒にいるから」と優しい言葉をかけてくれました。「いつも一緒にいてくれるんだ」という思いに、女性は涙ぐんでいました。

女性はそれから、仕事中に何度も「自分の中の無限」と唱えているそうです。すると、行き詰まって頭を抱えることがなくなったと言います。〝無限〟なので、後先のことを考えて不安になったり焦ったりする必要がなく、思考力も低下せず淡々と作業が進められるのです。

以前は、夜寝ていると「こんなに寝ていて大丈夫かな。仕事をやらないと終わらないいんじゃないいか」と不安になっていましたが、「自分の中の無限」と唱えると、いつの間にか寝てしまって、朝まで起きなくなりました。

お客さんとの打ち合わせの際も、直前に「自分の中の無限」を唱えると、「ここはちょっと難しいんですけど……」と自ら制限を見せることをしなくなったので、余計なツッコミを入れられることもなくなったと言います。

仕事においても、できあがったものを堂々と相手に提示できるようになり、お客さんも喜んでくれて、「次もお願いします」と爽やかに帰られるようになりました。

POINT
こうすればリミットレス!

「自分の中の無限」の可能性を信じる

この女性のように、「なんでもできないとダメ」というリミッターを持っている人は大勢います。子どもの頃から、「勉強もスポーツもできる人がすごい、できない人はダメ」という教育の中で育っているため、「できない自分は評価されない」と思い、自信を失っていくのです。

でも、人はそもそも無限の存在。「自分の中の無限」を信じていれば、心に余裕が生まれ、不安に目を向けることがなくなっていくのです。

「自分の中の無限」と唱えるだけで、あなたは人生をどんどんバージョンアップさせて、これまでの自分を超えていけるようになります。そして、その先には楽しい未来が待っているでしょう。

ケース③

緊張するとなぜか失敗！本番に強くなりたいけど……

38歳・男性・左官業

長年、職人として生きてきて「他の人よりもできなきゃいけない」という思いは強いのですが、緊張すると萎縮してしまい、うまくいかないことがあります。

誰も見ていないところではスイスイ仕事が進むのですが、見られている時に限っていつも失敗してしまうので、評価されず悔しい思いばかりしています。この前も「管理会社から仕上がりのチェックが入る」と予告されたことで緊張してしまい、「おい、この仕事やったのは誰だ！」とクレームが入ってしまいました。普段はそんなミスはしないのに、肝心な時になると失敗を繰り返してしまう。そんな自分をどうにかしたいのです。

情けない自分を演じてしまうわけは？

肝心な時に限って失敗してしまう、という悩みを抱えた男性がカウンセリングにいらしたので、〝心〟に聞いてもらいました。

「心よ、なぜ肝心なときに失敗してしまうの？」

すると〝心〟は、「みんなに情けないと思われているから」という衝撃の事実を告げてきました。

男性は、やっぱりみんなから情けないと思われているんだ……とショックを受けましたが、さらに質問してみます。

「心よ、なぜ情けないって思われているの？」

「あなたが自分で情けない、と思っているから自然とそのように演じてしまっている」と〝心〟が教えてくれます。つまり、**肝心な時に「情けない自分を演じる」というリミッター**がかかっているのです。

男性が「たしかに〝自分は情けない〟と思っています。でも、それをみんなに悟られないように努力しているのに……」と悔しがっていると〝心〟は「情けないって見られないように努力すればするほど緊張してしまうから、失敗して結果的に情けない自分になってしまうのだ」と教えてくれました。

期待されない人生をわざと選んだ理由

図星すぎて、しばらく呆然としていた男性でしたが、なんとかしたいという思いで心と会話を続けました。

「心よ、だったらどうすればいいの?」

「〝情けない〟がどこから来るかを知ればいい」

「心よ、それはどこから来ているのか教えてよ」

「あなたの母親から来ている」

その答えを聞き、男性は深く納得しました。母親は彼に大学を出て普通のサラリーマンになって欲しかったのですが、勉強嫌いでゲームばかりしていた彼は、結局、母親の望むような進路を選択せず、母親から「情けない」と思われていると思い込んでいたのです。

「心よ、本当に母親は私のことを〝情けない〟って思っているんですか？」と尋ねると、〝心〟はこう言いました。

「母親は、あなたを〝情けない〟とは思っていない。あなたは、母親の敷いたレールから外れるために、この状況をつくり上げた」

男性は、ちょっと混乱しました。「自分は母親に情けないと思われている」と思うことで、母親のレールから外れた？　そうはいっても、自分ではレールから外れるためにそんなことをした覚えはまったくありません。

「心よ、どういうこと？」

「母親の思い通りに生きている父親のことを〝情けない〟と思っていたでしょ」

浮かんできたその言葉にハッとした男性。たしかに、彼の父親は母親との間に波風を立てたくなかったからなのか、母親の言いなりに生きていました。だから、人生でチャレンジすることもなく、面白くない仕事を淡々とこなして家にまっすぐ帰り、何の趣味も持たず、退屈（だと彼には思える）な人生を歩んでいたのです。

そんな父親を見て、男性は「あんな生き方はしたくない」という強い思いを抱き、母親が「勉強しなさい」と言うほど、それに反発して勉強をしなくなっていったことを思い出しました。同時に、「人の思い通りに生きたら情けない人生になる」と思っていたから、人が見ているとあえて失敗してきたのかもしれない、という仮説が浮かんできました。

男性が「心よ、そうなの？」と確認してみると、「そうだよ。〝情けない〟と思われることで期待されなくなるから」と言われてハッとなりました。

期待されて、相手に自分の人生をコントロールされないように〝情けない自分〟を演じていたのだということがわかりました。しかし、仕事で失敗ばかりしていては、いい気持ちはしません。そこで、

「心よ、でもこれ（情けないと思われること）って仕事の時に不便なんだけど……」と尋ねてみると、〝心〟は「**『すでに自分は解放されている』**と唱えてごらん！」と教えてくれました。

どういうことか一瞬わけがわからなくなりましたが、とりあえず、心が教えてくれた通りに「すでに自分は解放されている」と唱えてみると、不思議と自分の中の呪縛が解けていく感覚があったと教えてくれました。自分を縛っていた「情けない」という鎖が解かれて、「自由に動ける」感覚になったのです。

呪縛から解放された途端、人生が輝きはじめた！

それ以来、男性は仕事中、「人から見られている」と意識すると、「すでに自分は解放されている」と唱えるようにしたそうです。すると、肩の力が抜けて目の前の仕事に集中でき、面白くなってきたと言います。

それまでは、「自分の視野は３６０度あるかもしれない」と思うくらい、後ろの人の視線まで気になっていた男性でしたが、「すでに自分は解放されている」と唱えると、周りの視線がまったく気にならなくなっていて、これまで以上に効率がよくなり、「いい仕事ができている」と楽しくなってきたそうです。

同僚からも「何だか憑《つ》き物が落ちたみたいだね」と言われるようです。おどおどソワソワ感がなくなり、仕事が始まった途端、他の人を寄せつけないぐらい集中できて、早く仕事が終わるようになったと言います。

リミットレスになった今、「こんな仕事と、こんな生き方がしたかったんだ」と解放感でいっぱいの男性は、「心よ、これでいいの？」と確認してみたところ、〝心〟から「まだまだ、これからだから！」という答えが返ってきて「思わず笑ってしまいました」と嬉しそうに話してくださいました。

POINT
こうすればリミットレス！

「すでに自分は解放されている」と唱える

普段はうまくやれていたのに、本番になるとパフォーマンスが出せなかったり、失敗してしまったり……その原因はいろいろですが、「自分の人生をコントロールされたくない」そんな思いから、わざと情けない自分をつくっている場合もあるのです。

もし、思い当たるようなら、ちょっとでも緊張してきたら、「すでに自分は解放されている」と唱えてみると、どんどん呪縛が解けていって本来の自分の力が出せるようになるでしょう。

第2章

リミットレス！
お金の悩み編

ケース①

いつもお金がなく生活に余裕を持てず楽しめない

28歳・女性・オペレーター

職場では真面目に働いていますが、お給料が安く節約生活を強いられています。同僚からランチに誘われても「お金がない」と暗い気分になって楽しむことができません。服だって、もっとおしゃれな服を着たいと思っていますが、新しい服を買う余裕なんてなく、「いつも同じ服ね」と友人に言われ、ものすごく惨めな気持ちになってしまいます。

もっとお金があったら、心に余裕が持てて大らかになれるのかもしれないけれど、お金がないので、いつも惨めで焦っていて、何をやってもちっとも楽しくありません。

母親からの嫉妬を恐れてつくりあげた「みじめな自分」

経済的な悩みを抱えた女性は、とても深刻そうでした。そこで、一緒にその女性の〝心〟に聞いてみることにしました。

「心よ、私にはお金がないの？」

すると〝心〟からは「ない」とストレートな答えが返ってきました。女性は、そんなことわかっていると思いながらも、「心よ、どうしてお金がないの？」と聞いてみると、「ないと思うからない」と言います。

「だったら心よ、〝お金がある〟と思えばお金は増えるの？」と質問をしてみると、また、「ないと思うからない」という同じ答えが返ってきました。

その女性は少しキレ気味になって、「心よ、だから、ないと思うからない、ってどういう意味？」と聞くと、〝心〟は「〝ない〟という言葉が現実をつくり出してしまうからお金がなくなってしまう。そして、**〝お金がない〟という言葉があなたの口癖になっているからお金がなくなる**」と教えてくれました。

たしかに、最近口を開けば「お金がない」とばかり言っている気がすると女性。そこで、〝心〟にその真相を教えてもらおうと、次のような質問をしました。

「心よ、なぜ〝お金がない〟が私の口癖になっているの？」

「嫉妬をされて痛い目にあうのが嫌だから。『ない』と言うことで、嫉妬されないみすぼらしい姿をわざとつくっている」

「心よ、会社の人から嫉妬されるのを怖がっているということ？」

「それもあるけど、元は母親からの嫉妬」

〝心〟にそう言われた時、女性の脳裏に過去の記憶が蘇ってきました。女性はもともと美しい顔立ちで、小さい頃から周りの人たちに「かわいいね」とよく言われていました。そして、母親とふたりの時にそう言われると、母親は能面のような顔になり、「お母さんが私に怒っている」と思ったことを思い出したのです。

ちやほやされると母親が不機嫌になるので、女性はそれが怖くて積極的になれませんでした。そして、暗い顔ばかりしていたせいか、いじめられるようになりました。ところが、娘がいじめられるのを見て母親が嬉しそうな顔をした気がしたのです。

「あの時以来、母親よりも綺麗になっちゃいけないと思ったんだ……」。

そんな子どもの頃の自分を思い出した女性は、大粒の涙を流しました。

同時に、母親を不機嫌にさせないためには、「お母さんよりもお金持ちになってはいけない」とも思っていたので、「お金がない」という口癖ができてしまったことにも気づきました。今でも貧乏な生活をしている母親よりも稼いだら、嫉妬されてしまう。それが怖くて、いつも「お金がない」と言って本当にお金がない状態をつくり出していたのです。

女性は、さらに心に聞いてみました。

「母親からの嫉妬を恐れていたということはわかったけど、具体的にどうしたらいいの？」

「母親からの嫉妬に気がつけば大丈夫。あとは**『お金はなくてもいいけど、あっても大丈夫』**という口癖に変えなさい」

ずいぶん長い口癖だな、と思いましたが、「心よ、どんなタイミングでこれを言えばいいの？」と質問してみました。すると〝心〟は、「お金のことで不安になったら、言ってみればいい」と教えてくれました。

お金は貯めるのではなく、生まれるもの

貯金ができず困っていた女性は、そのことについても心に話しかけてみました。

「心よ、これを唱えていればお金が貯まるの？」

「お金は貯まるものじゃなくて生まれるもの」

その意味はよくわかりませんでしたが、とりあえず〝心〟に言われた通りに、唱えることにしてみたそうです。

そして、3か月くらいたったある日、女性から「すごいことが起こりました！」と嬉しそうな声で報告がありました。通帳を見たら、なんと20万円がいつの間にか貯まっていたそうです。それからしばらくたって、再び通帳を見たら、90万円に増えていたそうです。

その金額を見て「いつの間にか結婚資金が貯まったかなぁ……」と冗談交じりに思っていたら、本当に結婚したいと思える彼ができたと教えてくれました。

私はその展開の速さに少々混乱して、「たしかに〝心〟は『お金は生まれるもの』と言ったけれど、それにしても、生まれるのが早くないですか？」と聞くと、「実は、母親に

仕送りをしていたんですが、母はどうせ全部それを姪や甥にあげちゃうのでやめたんですよ。その分がいつの間にか貯まっていたようです」と笑顔でおっしゃいました。

POINT
こうすればリミットレス！

お金がない自分とはサヨナラする

「お金がない」というリミッターは多くの人が持っているものです。でも、その背景には、「お金がない自分」のほうが都合がいい理由が隠れているものです。

この例のように、母親からの嫉妬を避けるために自分をみじめな状況に陥れているケースもあれば、お金によくないイメージがあって、わざとお金がない自分をつくっているケースもあります。もし、お金に困っているならば、いまいちど、あなたの無意識のなかにある「お金がない自分」にさせている理由を探ってみてください。その呪縛から解放された時、お金は巡り出すはずです。

ケース②

借金はふくらむばかりなのに 無駄遣いがやめられない！

42歳・女性・教育関係者

学生時代は、返済が必要な奨学金をもらい、さらに、アルバイトをして親からも仕送りをもらって生活していました。そんなに贅沢できる身分ではないのですが、「必要なお金は親からもらっているからいいか」と、欲しい服などをすぐに買っては、翌月のお金が足りなくなるとアルバイトで稼いでいました。

そこでやめておけばよかったのですが、「アルバイトをしているからいいか」と、さらに買い物を続け、結果、お金がなくなりカードで借金するということを繰り返していました。

やがて社会人になると、どんどんカードを使うようになりました。返済するお金が足りなくなるのですが、買い物がやめられません。お金がないのに人にプレゼントを買ってし

まったり、食事代を払ってしまったりするので、どんどん借金は膨らむばかり。返済できなかったらどうしようと不安になりますが、無駄遣いが止められません。

不公平な世の中への思いが生む「借金ぐせ」

借金をしてまでも無駄遣いがやめられず、悩んでいた女性の話を聞き〝心〟に問いかけてみることにしました。

「心よ、どうして借金を返済しないで無駄遣いをしてしまうの？」

すると〝心〟は、「借金はないと思っているから」と答えました。女性には借金をしている認識がなくて「これだけ自分は苦労させられているのだから、お金を使って当然」と思っていると、心は教えてくれたのです。

女性はそう聞かされてハッとしました。彼女は太り気味で、容姿も決して優れているとはいえないタイプ。そのせいか周りから見下され、電車に乗っていても冷たい視線を投げつけられるなど、いつも嫌な思いをさせられています。

どこに行っても普通の人以上に気を使わなければ、不快な扱いを受けてしまうのです。そのため、「**世の中はこんなに不公平なのだから、自分はお金を貸してもらって当然**」という思いがどこかにあったのです。

そこで「心よ、借金についてはどうしたらいいの?」と聞いてみます。すると〝心〟から「みんなと仲間になりなさい」というわけのわからない答えが返ってきました。つまり、「みんなから差別されないように認めてもらえなければならない」と力んでしまうからストレスがたまり、無駄遣いをしてしまうというのです。だから、みんなと仲間になればストレスが減ってお金の感覚が変わる、そう心は教えてくれたのです。

しかし、女性はこれまでいくら努力してもみんなと同じような扱いを受けることができなかったのに、どうやって今から急に仲間をつくれるようになるの? と少しイライラしていました。そのことを心に聞いてみると、人間関係で不快感を覚えたら**「みんなと同じ」**と唱えなさいと教えてくれました。そんな簡単なことで変わるの? と女性は疑心暗鬼になっていましたが、とりあえず、やってみることにしたのです。

自分ばかり頑張ってしまう呪縛を解く「みんなと同じ」

以来、女性は仕事をしている時に、「なぜ自分ばかりこんなに大変なの？」と愚痴りたくなったら、「みんなと同じ」と頭の中で唱えてみることにしました。

すると、「なぜ私は、こんなにも仕事のペースを上げているのだろう？」と我に返ったと言います。周りの人よりも一生懸命仕事をしているのに同じ給料なの？　という不満があったのですが、冷静になってみると「あれ？　みんなと同じ給料なんだからみんなと同じペースで仕事をすればいいいじゃない」ということに気がついたのです。

いつもは夜遅くまで仕事をするため、食事は外食がほとんどです。そして、「これだけ一生懸命に働いたんだから高いものを食べたっていい」と思い、お金がないのにカードで支払っていました。

でも「みんなと同じ」と唱えていたら、家に帰ってシンプルなご飯でも満足できるようになっていったそうです。また、帰宅したらダラダラとテレビを見続け、お風呂にも入らずに寝てしまうことが多かったのが、さっさとお風呂に入って早く寝ようと、早い時間から布団に入れるようになりました。

「みんなと同じ」を朝起きて唱えていたら、きちんと朝食を食べ、ゆっくり新聞を読んでいる自分がいて驚いたそうです。


そんな生活をしていくうちに、仕事で疲れたと愚痴ることも少なくなり、家に帰ってからも頭が働くようになりました。すると、冷静に「ローンの金利の計算」をして、返済計画を書き出すことができるようになったのです。

これまで「そんなの見るのもイヤ！」と目をそらしていたのですが「みんなと同じ」と唱えているうちに、徐々に「私にもできるかも」と思えるようになり、計算機を片手に返済の見通しを立てるまでになったそうです。

「みんなと同じ」と唱えているうちに、**無駄遣いが止まらなかったのは一生懸命働いたのに給料が上がらないことへのストレスからだった**ということに気づきました。

すると、なぜかお金を使わずに運動をするのが楽しくなって、ダイエットに成功し、痩せていた頃の素敵な服が再び着られるようになりました。タンスにぎっしり詰まっていた余分な洋服を処分し、たいして使わないのに通販で購入した家電もすべて押入れから出して断捨離にも成功。どんどん部屋の中が片付いていき、無駄遣いをしなくなった分をすべて返済に充てられるようになったので、借金もみるみる減っていったのです。

目の前に座っている女性の、表情がすっきりして容姿が素敵に変わっていく様を見たときに、〝心〟が教えてくれた「みんなと同じ」という呪文は、女性が素敵になる呪文だったのだと気づきました。

POINT
こうすればリミットレス！

「みんなと同じ」と唱えて、普通の暮らしを送る

こんなふうに「特別になってみんなから認められるような存在にならなければ」と思っていると、それがストレスになって、自分を苦しめてしまうことがあるのです。人に上も下もありません。「みんなと同じ」でいい。力んでいた人ほど、「みんなと同じ」という呪文を唱えることで、肩の力が抜けるかもしれません。

ケース③

貯金したいのに
お金のことを考えるのが億劫

44歳・男性・SE

常々、「早くお金を貯めて会社を辞めたい」と思っているのですが、どうしてもお金を貯めることができません。貯めなきゃいけないのはわかっているのですが、お金のことを考えるのが面倒くさくて、通帳の残高をチェックできないんです。

たまにちらっと銀行で引き出した時に残高を見てしまったら、「やっぱり全然貯まってないじゃないか」と絶望感に襲われて、この先もずっと会社で働き続けなきゃいけないかも？　と思い、苦しくなってしまうんです。

貯金できないのは、「貯まらない」という欠如感から

貯金したいけれど貯金できない……という男性の相談をうけ、「どうしたらお金が貯まるようになるのか？」を〝心〟に聞いてみることにしました。

「心よ、どうやったらお金は貯まるようになるの？」

「貯まらないと思うから貯まらないんだ」

「心よ、どうして貯まらないかを聞いているんだけど？」

「〝貯まらない〟という暗示が現実をつくり出してしまうんだよ！」

と教えてくれます。男性はさらにつっこんで〝心〟に聞きました。

「心よ、誰がその暗示を入れているの？」

「それは知る必要がない」

「心よ、だったらどうしたらいいの？」

そう聞いた時のことです。夜明けを待つ、静かな美しい湖畔の風景が、男性の目の前に

浮かび上がってきたということです。そして、その湖に水滴が一滴落ちて広がっていくときに、**「貯まっていく、貯まっていく」**という心の声が、頭の中で繰り返されていました。

いつの間にか男性はイメージの中で水に浸かっています。そして「貯まっていく、貯まっていく」という声が繰り返されていくと、水が胸の位置まで上がり、やがて首まで上がってきて、今度は恐怖を感じるようになります。

しかし、「貯まっていく、貯まっていく」という声は止まりません。そして、いつの間にか自分の頭の上まで水の位置が上がってきた時に「あれ、苦しくない」という不思議な体験をします。

その後、男性は頭のてっぺんまで水に浸かっていても苦しくないこの不思議な感覚とともに、「貯まっていく、貯まっていく」と唱えるようになっていました。

満たされた感覚を維持すれば、お金には困らない

その後も、頭のなかで「貯まっていく、貯まっていく」という言葉は繰り返し響き続けました。

そんなある日、男性は妻から「両親の遺産が入るんだけど」と言われました。額を聞くと、かなりの大金です。ところが、男性はそれを聞いても、不思議と驚きもしなければ喜びもなく、「お金が入ってきて当然」という感覚だけがあったそうです。

それからしばらくたって、今度は男性の父親から「生前贈与」の話をされました。具体的な額を聞かされましたが、そこでもやはり「入ってきて当然」という感覚です。嬉しくも、ありがたくもなかったそうです。

さらに「貯まっていく、貯まっていく」と唱えていると、すっかり忘れていた定期預金が満期になったという通知が来たそうです。それなりのまとまった額が入りましたが、ここでも「入ってきて当然」という感覚のまま、感動もなかったと言います。

男性が「貯まっていく、貯まっていく」と唱えていると、お金に満たされていく感覚になり、また実際にお金が入ってくるのですが、感情はちっとも動きません。そして、**「入ってきて当然」という感覚で通帳を確認すると、たしかに頭のてっぺんまで満たされている感覚があった**そうです。

そんな男性の話を聞いて、私は興味津々になりました。そこで、男性に「心よ、誰でもこの言葉を唱えていたら同じようにお金が貯まるの？」と質問をしてもらいました。すると〝心〟は、「それぞれの〝心〟に聞いてたしかめなさい」と答えました。

私は、「心の意地悪……。ちょっと教えてくれたっていいのに」と思いながら質問を変えて、男性に聞いてもらいました。

「心よ、なぜ、私（男性）はお金が入ってくるようになったんですか？」

「満たされた感覚に包まれていて、それが継続されたから」

「心よ、だったら満たされた感覚でいることができたら、誰でもお金が貯まっていく可能性があるの？」

「そう、満たされた感覚が続けばね。ただ、人はお金を手にすると一喜一憂してしまうから流れが止まる」

そう教えてくれました。つまり、**お金を手に入れて喜ぶと、その後に「このお金はいずれなくなってしまう。そしたらどうしよう……」などと不安に襲われてしまうので満たされた感覚が止まり、お金の流れも止まる**というのです。

男性の場合は、「貯まっていく、貯まっていく」と唱えると、不思議と頭のてっぺんまで満たされた感覚になり、その感覚が続くので、いくらお金が振り込まれても、淡々としていられたのです。

男性は今でも、「貯まっていく、貯まっていく」と唱えながら、仕事は辞めずに続けています。どうして仕事を辞めないのかと聞いてみると、「さらにお金が貯まるから」と笑顔でおっしゃいました。満たされた感覚で仕事をしていると、仕事も楽しめて、さらにお金も貯まっていくということでしょう。

POINT
こうすればリミットレス！

お金が貯まり満たされた感覚をつかむ

お金がない、お金が貯まらないという悩みは、満たされた感覚が欠如しているせいだといえます。満たされた感覚さえつかめれば、あらゆるルートからお金が入ってくるようになります。

私も、この男性のように早く満たされた感覚をつかみたいな、と思いながら、男性の話を嬉しく聞かせていただきました。

第3章

リミットレス！親子・家族関係の悩み編

ケース①

母に対する怒りが消えず、呪縛から逃れられない

32歳・女性・獣医

仕事をしていても、休日に買い物をしていても、過去に母親から言われたりされたりした不快なことが思い出されて、怒りが湧いてきます。怒りが湧くと「仕事でミスをするのではないか?」と不安になったり、仕事に集中できなくなったりして、私をこんなふうにさせた母に対する怒りが、ますます強くなります。

それを母親にぶつけると、「そんな過ぎたことを……。いつまでも甘ったれたことを言わないで」とちっともわかってくれず、その態度に余計に腹が立ちます。それで、母親を怒鳴りつけてしまい、後悔して苦しくなっています。

なんとも言えない息苦しさは、母の胎内から出ていない証拠

女性は、母親と一緒に暮らしていましたが、これまでも何度か母親から離れようと努力をしてきました。しかし、そうしようとすると、なぜか女性が体調を崩したりして母親の元を去ることができず、呪縛から逃れられないのです。

そこで、女性の心に「心よ、どうしたら母親から離れることができるの？」と聞いてもらいました。すると〝心〟は面白いことを女性に教えてくれました。

「あなたはまだ、母親のお腹の中にいる。母親のお腹の中は窮屈だから、苦しんでいる」

女性は、そんな〝心〟の言葉に、妙に納得していました。そして、母親と一緒にいるといつもグチャグチャドロドロした感覚で自分がみじめに思えて、ちっとも成長できない感じがすると話してくれました。女性はさらに〝心〟に尋ねます。

「心よ、なぜ私はいつまでも母親の胎内にいるの？」

「母親が大切に育てたいと思っているから」

「心よ、母親はなぜ大切に育てたいと思っているの？」

「自分の胎内が一番安全だと思っているから」
「心よ、なぜ、安全に育てたいと思っているの？」
「自分しかあなたを守ってあげられないと思っているから」

これまで散々、酷いことを言われてきた女性は、「そんなに大切にしてもらっているとは思えない」ということをつぶやくと、〝心〟はこう答えました。

「母親とあなたは一体化しているから、自分にダメ出しをするようにあなたにダメ出しをしてしまう」

「心よ、それって、自分で自分のことを褒めることが難しいのと同じことかな？」
「そうだよ！」

女性は腑に落ちた感覚があったと同時に、母親から離れるのをとても寂しく感じている自分がいたことも発見しました。

「心よ、私はどうしたらいいの？」
「母の胎内から出なさい」
「心よ、だから、どうやって出たらいいの？」

ところが、いくら待っても〝心〟からの答えは返ってきません。女性は、どんどん息苦しくなり、「なぜこんなに息苦しくなってくるの？」と思った瞬間、〝心〟から「母の胎内に閉じ込められているから」と答えが返ってきました。

女性は、**閉じ込められている息苦しさを感じていたから、必死で母の胎内から出たくなっていた**のかと、〝心〟の意図に気づきました。そして、自分が苦しいと思わなければ、出ようとしないということにも、納得したのです。

自分の感覚で生きるとは？

それ以来、女性は家に帰ると息苦しさを感じるようになりました。息がうまくできなくて酸欠になっているような状態。すると、落ち着かないので何か食べてしまいます。なぜ、今まで食べるのをやめることができなかったのかということが、わかりました。食べて息苦しさを感じないようにしていたのです。

また、母に怒ってしまうのも、息苦しさをごまかそうと必死だったからだということにも気づきました。

その後、女性はすぐに実家から出て一人暮らしをし、それまで何でも母親に相談していたのをやめました。相談すればするほど息苦しくなるということは、「母の胎内から出られない」ということだと思ったからです。

仕事中に息苦しさを感じた時は、「母のせいにして、母の胎内に戻ろうとしているんだな」と思い、母親のことを考えるのを意識的にやめるようにしました。そんなことを続けていくうちに、はじめて「私、ひとり歩きしている！」と実感が持てるようになったと言います。

また、これまでは買い物をしていても「母がこれを見たらどう思うかな？」とか「また無駄遣いを叱られるのではないか」と思っていたため、欲しいと思ったものを買ってもちっとも楽しむことができませんでした。

それが、母の胎内から出て自分の感覚で生きられるようになると、「これは素敵だから買おう」と自分の感覚で買い物を楽しめるようになったそうです。自分の気に入った服を買い、それを着て外を歩くのはこんなにも気持ちいいものなのか、ということに気づいたと話してくれました。

それでも時折、「母がこれを見たらどう思うのだろう？」と考えてしまうことはあるそうです。そんな時は、**あえて息苦しさを感じてみると、「母の胎内から出なくちゃ」と思えて、自分自身の足でしっかりと地面に立っている感覚になる**そうです。

もう、あの母の胎内でぷかぷか浮いている状態には戻りたくない、自分の足でしっかりと歩きたい、そう思うようになったと言いました。

本当の自由を手に入れると、仕事も楽しくなる

すると、女性の働き方も変わりました。彼女は以前、ある動物病院で働いていた時、どんどんお願いされるまま仕事を断ることができず、背負いすぎて体調を崩してしまったことがありました。その苦い経験から、一か所に腰を落ち着けず、アルバイトのような形でいろいろな動物病院を転々とする生活をしていました。

ところが、母親の胎内から出たら、「自分ひとりで仕事がしたい」という思いが強くなりました。そして思いきって独立し、個人の動物病院を開業したのです。

独立しても、かつてのように忙しさでつぶれるような働き方はせず、「楽しい仕事は自分でやる」「手に負えない難しい仕事は知り合いに紹介する」という、肩の力を抜いたやり方が自然とできるようになり、仕事が楽に進むことに自分でもびっくりしているようでした。

母の胎内にいた時は、「断わったら申し訳ない」「なんとかしないと相手に失礼」という声が頭の中に響いていましたが、自由になってようやく、「あれは母の胎内にいたから、母の声でダメ出しをされていただけなんだ」ということに気づいたのです。

こんなふうに自由に仕事をしている女性ですが、お客さんは減りません。むしろどんどん増えていって、仕事がますます楽しくなっているようです。

その後、久しぶりに女性にお会いした時は、すっかり素敵な女性に変化していました。肌の状態まで違っていて、驚いたのを覚えています。そんな彼女が、私を見て「先生はきちんと母親のお腹から出ていますか？」と質問をしてきたので、ドキッとしました。

女性はちょっと意地悪な表情になって、「先生も母の胎内から出たら楽になりますよ」「なんなら、動物のお産には慣れているから、私が取り出してあげましょうか？」と言うのです。私は、「流行っている獣医さんってコワ！」と言いながら、ふたりで大笑いしました。

POINT
こうすればリミットレス！

母親の胎内から出ることを想像する

私たちは誰でも母親の胎内から生まれてきます。

この世に誕生する時、物理的には母親の胎内から出てきますが、精神的には母親の胎内にいるのです。

そこから、どうやって、母と違う自分を築いていくのか――。そこに気づいて自由になれた時、はじめて本当の自分を生きることができるようになるのです。

ケース②

父親を反面教師にして頑張ってきたけれど仕事への意欲が湧かなくなってしまった

43歳・男性・コンサルタント業

小さい頃から、「母親を困らせる父親みたいにはなりたくない」と思ってきました。だから、勉強をしていい企業に就職することを目標に頑張ってきたのです。ところが、ある時、急に「自分は今まで何をしてきたんだろう?」と不安になりました。

「父親のようにはなりたくない」と父親を反面教師にして一生懸命にやってきたのに、朝、仕事のために起きるのが億劫になります。だらしない父親のことが頭に浮かんできて、「このままでは、父親みたいになってしまう」と嫌な気分になるのですが、これまでのように父親に反発して、そこから力を得て動くことができなくなってしまいました。

目標や意欲はただの幻想

仕事を頑張れなくなったという悩みを受け、男性の〝心〟に聞いてもらいました。

「心よ、なぜ最近、以前のように仕事に対する意欲が湧かず、動けなくなったの？」

「目標とか意欲とか、本来はなくていいんだよ。それはただの幻想だから。その幻想から解放されると淡々と生きられるよ」

「心よ、どうやったらその幻想から解放されるの？」

「父親と握手をしてごらん」

そう〝心〟は言いました。男性はちょっと怪訝《けげん》そうな顔をして「心よ、それって父親を許したり和解したりしろってこと？」と聞きました。すると、すぐに〝心〟は、「違うよ。握手にはいろんな意味があるんだよ」とだけ教えてくれて、その場の心との会話は終了しました。


男性は、しばらくの間、心から出された課題ができずにいました。そもそも父親が好きになれないので、握手しようと思えなかったのです。

男性は、「父親と握手をしなくたって、自分で解決できるはず」と考え、朝早く起きて、会社に行くための行動を起こすようにしました。「父親と握手するぐらいだったら」と思っていると、不思議といくら身体がだるくても、起き上がることができました。億劫ではあるけれど、仕事にも休まず行くことができたそうです。

でも、意地を張ってやっている感があるので、「自由じゃない」と感じていたそうです。そのためか、仕事をやっていても、どうしても人の気持ちばかり考えてしまい、上司からもお客さんからも「こいつは優柔不断だな」と思われているような気がしていました。そして、仕事で自分が決めたことが二転三転する事態が起こってしまい、実際にお客さんを怒らせて、上司を失望させてしまうという出来事が起こったのです。

「なぜそんなに自信がないの?」と上司に呆れられた男性は、「もうダメだ」と落ち込み「自分に目標や自信がないから、こんなことになってしまう」と反省します。

握手ひとつで変わった父親との関係

そんな時、男性は〝心〟に言われたことを思い出したそうです。「目標や意欲なんて幻想から解放されればいい」という言葉を。そして〝心〟は**「父親と握手をすればその幻想から解放される」**とも言っていた、ということを。

なぜ意地を張って試さなかったのかと後悔しながら、仕事の後、父親がいる実家のほうへと向かいました。そして玄関を開けて、父親がいるリビングに足を運ぶと、父親がびっくりしたような、嬉しそうな顔をしながら「何しに来たんだ」といつものそっけない調子で言いました。男性は実家に来る電車の中で、「どうやっておやじと握手をするタイミングをつくろう?」と悩んでいたのですが、その瞬間に「おやじ、久しぶり!」と笑顔で父親に手を差し出したそうです。すると父親は、男性の顔を見上げながら、嬉しそうにその手を握ったそうです。**老いた父親の手を握ったとき、「自分はこれまで何と闘ってきたんだろう」と涙がこみ上げてきそうになった**と言います。この時はじめて、「父親と自分は対等なんだ」と思うことができて、「自分は自分らしく生きていいんだ」という言葉が頭に浮かんできたと教えてくれました。

勝ち負け競争は、もういらない

それ以来、男性は不思議議と、目標や意欲について考えなくなりました。心が言っていた通りに淡々と仕事をこなすようになり、迷いが生じたら笑顔でお客さんと握手をするようにしたのです。すると、握手をした瞬間に、父親と握手をした感覚が蘇り「お客さんと自分は対等なんだ」「ひとりで抱え込まなくていいんだ」と思えるようになったそうです。

父親と握手をする前は、土俵でひとり相撲を取っていた男性。相手に負けないように一生懸命、ひとり相撲をしていて疲れてしまっていたのです。しかし、父親と握手をした瞬間、自分の中にいた相撲の相手が消えて、目の前にいる人としっかりと対話できるようになったと言います。そして、目の前にいる人と握手をして仕事を進めると、不思議とスムーズに運び、二転三転して無駄なことをする失敗がなくなりました。

「仕事って、こんなに楽に進めることができるんだ」と驚いたそうです。握手をして相手を信頼することで、お互いの間に不思議な力が生み出され、これまでに経験をしたことのないような、レベルの高い仕事をこなすことができるのです。

そんな経験を語ってくれた男性は、「握手って不思議な力があるんですね」と嬉しそうに話していました。そして、「先生もクライアントさんと握手したほうがいいですよ」と無邪気におっしゃる男性の笑顔がとっても素敵に見えました。

POINT
こうすればリミットレス！

自分は何と闘っているのかを知る

こんなふうに、父親との関係が、握手ひとつで修復されて自由になることがあるのです。父親のようになりたくない、母親のようになりたくない、という思いから反面教師で自分をつくってきている人は多いのですが、それは、何かと闘っているから。もし、自分のなかにそんな思いがあるならば、自分は何と闘っているのかを知り、闘う必要がないことを経験することで、人生はうまく回り出すことがあるのです。

ケース③

夫の浮気で夫婦仲は最悪なのに、離婚に踏み切れない

46歳・女性・メディア関係

夫に話しかけてもいつもそっけない返事しか返ってきません。職場の話とかをすると、夫はものすごくイヤそうな顔をして、まるで私が悪いような雰囲気になります。結婚当初から話が通じ合う感じはなかったのですが、最近さらにひどくなっています。

そんなある日、たまたま街を歩いていたら、まったく知らない若い女性と夫が仲良く手をつなぎながら歩いている現場を見てしまいました。ハンマーで頭を殴られたような感覚になると同時に、私と別れたいから夫は冷たい態度をとっていたとわかり、夫の言動の理由が、パズルのピースがすべてはまるように納得できたのです。

その後、夫に浮気を認めさせようとしましたが、知らぬ存ぜぬを繰り返すばかり。証拠

写真を見せると「こんなことをするお前がイヤだから他の女に目が行くんだろ!」と逆切れされて、家に帰ってこなくなってしまいました。両親には相談できず、友達からは「離婚したら」と言われるのですが、これから先ひとりでどうやって生きていったらいいのかわからず、離婚に踏み切ることができません。かといって、こんなに解り合えない夫と一緒にやっていく自信もありません。

夫に対する潜在的な不満は現実となって現れる

夫との仲が冷え切っているのに離婚に踏み出せない女性の悩みを聞き、女性の〝心〟に質問をしてもらいました。

「心よ、これから私はどうしたらいいの?」

すると〝心〟は「何もしない」と答えました。

女性はその答えに怒り気味で「心よ、それじゃあ今までと何も変わらないよ?」と質問をすると、〝心〟は「何も変わらなくていい。だって**最初からあなたは〝夫なんていらない〟と思ってこれまでやってきたのだから**」と答えたのです。

女性は、その言葉にちょっとぎょっとしました。結婚したのは「周りが結婚をしているから」という理由で、まるで夫というアクセサリーを購入するかのような感覚だったからです。だから、自分のなかではすでに夫に飽きていました。

それなのに、なぜ、夫のために自分が炊事や洗濯、掃除までやって、さらに夫のご機嫌取りまでやらなければいけないのか、**「こんな足枷みたいな夫がいなかったら、もっと自由に生きられるのに」と、ずっと心のどこかで思っていた**のです。

「心よ、だったら離婚したほうがいいんじゃないの？」

そう質問すると、「何もしなくていい。旦那が必要ないことは、これまでと変わらないから。これから面白いことが起こるから」と心は教えてくれました。

女性は「心よ、でも夫という足枷を早く外したほうが、私は自由に生きられるのでは」とさらに質問しましたが、〝心〟は「何もしない」と言うばかりだったのです。

感情的にならず自分の気持ちに忠実になる

この心との会話で、女性は「たしかに、私は夫を必要としていない」ということに気づいたら、感情をゆさぶられることなく、生活ができるようになりました。でも、時々、夫の浮気が思い出されて怒りが湧いてくるので、そのことについて心に尋ねてみました。

「心よ、これは私の怒りなの？」

「違う。夫から伝わってきているものだよ」

そう言われると、「私の怒りじゃないんだ。たしかに、夫が何をやっていても私は興味がない」と思えるようになり、徐々に気持ちも穏やかになっていったと言います。

夫は時々帰ってきては、わざと女性を無視したり他の女性の存在を匂わせて動揺させようとしたりするので、そのたびに「こいつにガツンと言ってやりたい」と怒りに駆られます。そこで「心よ、夫に言ってやってもいい？」と聞くと、「何もしない」と言われるので、心の声に従ってその場をやり過ごすことができるようになりました。

そのうち、とうとう嫌がらせ作戦に乗ってこない女性にしびれを切らしたのか、夫は

「別居してひとりで暮らしたいんだけど……」と言い出したそうです。「ふ〜ん」と夫の話を聞いたあと、女性は「心よ、旦那が別居って言っているけどどうしたらいいの？」と聞いてみました。すると、〝心〟は「別れて暮らすのだったら、けじめをつけて離婚という形を取って、きちんと金額を提示してもらいなさい！」と言いました。

そのように夫に言うと、夫は「そうきたのか……」と悲しそうな顔をしてその場を去っていったそうです。その後、夫は知り合いの弁護士に相談したのか、離婚の慰謝料の相場を聞いて、今回はその倍の額を書面で提示してきました。「これで離婚届にサインをして欲しいんだけど」と目を合わせずに提案してきました。

女性は、「**この人は、自分とやり直す気がないんだ。自分にはその程度の価値しかないんだ**」と思ったら、急にカーッとなって、目の前の書類をくしゃくしゃに破って夫にぶつけてやりたい衝動にかられたそうです。でも、ここでも心に聞いてみたのです。

「心よ、私は何を求めているの？」

すると〝心〟は「提示された額の5倍の金額を求めている」と教えてくれました。さっそく、頭のなかで×5を計算してみると、かなりの高額に。

「心よ、そんなの無理じゃない？」

と呆れて言うと、〝心〟は「それはあなたの考えじゃないから！」と答えたので、思わず笑ってしまったそうです。

「心よ、今、この場で夫にそれを伝えるの？」

と聞くと、「今じゃない。弁護士さんを通して伝えるから待っていて、と言えばいい」と教えてくれたので、女性は妙に安心した気持ちになり、そのように夫に告げました。

慰謝料で自分の価値を知る

翌日、カウンセラーに紹介された弁護士さんに夫からもらった書類を見せてみました。するると弁護士さんは、「これは普通の離婚だったら十分すぎる金額ですね。そして、奥さんはどうしたいんですか？」と聞いてきました。

女性は「心よ、どうしたらいいの？」と聞いてみると、〝心〟は「提示された額の5倍でお願いしなさい」と言います。それを聞いた時は、ちょっと夫がかわいそうな気がしたので、「心よ、本当にそれでいいの？」と尋ねると〝心〟は「〝かわいそう〟と思うのが幻想だから」と言いました。

そこで、弁護士さんに「この金額の5倍の請求をしてください」と伝えると、弁護士さんは「今まで離婚のケースで、そんな金額を請求したのは聞いたこともありません」とちょっと引き気味になりました。

しかし、その弁護士さんの態度を見た女性は、「私は、それだけ請求していいと思う！」と思えて、「5倍の金額でお願いします」とだけ伝えて、あとは弁護士さんの交渉に任せることにしたのです。

しばらくして弁護士さんから興奮した様子で電話がありました。「旦那さんは3倍を支払うって言っていますけど」という報告です。あのケチな夫が、それだけ出すというだけでもちょっと興奮しましたが、ここは冷静になって心に聞いてみました。

「心よ、3倍でいいの？」

「4倍か5倍でお願いしなさい」

「え？　まだ、上げるの？」

「もちろん！」

そう言われたので、そのまま弁護士さんに伝えました。弁護士さんは、冷静にその金額を提示する女性に呆れながらも「相手の弁護士にそれを伝えてみます」と言って電話を切りました。この時、「夫から価値がないと思われている」とか「これまでの人生が無駄になった」なんてことがどうでもよくなってきて、「いったいどんな金額を提示してくるのだろう？」とドキドキしている自分がいたそうです。

しばらく待っていると、弁護士さんから嬉しそうな声で、「旦那さん、5倍出すって言っていますけど」と報告がありました。「心よ、これでいいの？」と聞いてみると、「最初からこの数字ですから」とよくわからないことを言いました。「心よ、それってどういう意味？」と聞くと、「夫があなたに払って当然の金額のこと」と言われて、女性はなんとなく納得してしまったそうです。同時に、夫の浮気とか、自分の女性としての価値などどうでもよくなってしまい、弁護士さんに「じゃあ、それでお願いします」と爽やかに言っている自分にまたびっくりしたと言います。

普通だったら「悔しい！」「ムカつく！」となって当然のはずが、その不快な感情が一切なく、「これからどこに住もうかな」と、考えるのが楽しくてしょうがないと教えてくれました。心はきちんと**女性の正当な価値を示してくれて、こ**

れからも自信を持って生きていける、という感覚を伝えてくれていたのです。

女性は、「自分の価値を下げていた人から離れることができて、本来の自分で生きられるような気がしています」と爽やかな顔をしてお話ししてくれました。

POINT
こうすればリミットレス！

自分の適切な価値を相手にわからせる

離婚したくてもなかなか踏み切れない女性の相談は数多くありますが、この女性のように、常識的には難しくても、自分の価値を正当に伝えることができれば、離婚はスムーズに進むことがわかりました。

そんな自分の価値を教えてくれる〝心〟って、本当にすごい存在ですね。

第4章

リミットレス！恋愛の悩み編

ケース①

恋人ができず、このまま一生おひとり様だったらどうしよう……

32歳・女性・公務員

男性とは過去につき合ったことがあるけれど、別れてから彼氏ができません。「この人いいかも」と思う男性もいて、最初はいい感じでしたが、私が「つき合ってみたいな」と思ったとたんに相手は自分から離れてしまい、他の女性のほうへ行ってしまいました。「他の男性にも目を向けなければ」と思っているのですが、離れていった男性以来「つき合ってみたい」と思えるような人と出会うことができず、最近では「もうこのまま自分は一生ひとりなのかも……」と思うようになり不安になってしまうんです。

本当は恋人を求めていない!?

どうしたら恋人をつくることができるのかを知りたくて、相談にきた女性。そこで、その真相を知るべく、女性の〝心〟に聞いてもらうことにしました。

「心よ、私には恋人はできるの？」

「できるよ。でも、その前に恋人を求めているのかどうかを考えてみて」

女性は、いきなり鋭いことを言われてしまったと思いました。なぜなら、今は仕事が忙しく、異性とつき合う時間など考えられないし、自分の時間を束縛されるのもイヤだと思っていたからです。

では、何のために恋人が欲しいかというと、将来のお金が心配ということと、ひとりきりで孤独に死を迎えるのが怖いということからだったのです。それにあらためて気づかされた女性は、「たしかに、恋人というより〝安心を与えてもらう〟ことしか求めていませんでした」とがっかりした表情になりました。

お手上げ状態になってしまった女性は、「心よ、どうしたらいいの？」と〝心〟に丸投げしてみました。すると〝心〟は、「だったら誰とつき合ったっていいのかもしれませんね」と答えてくれました。

その考えは一理あると思った女性。たしかに、自分と同じように稼げて、年を老いてから一緒にいてくれればいいというのであれば、「誰でもいい」というニュアンスに近いかもしれません。そう思うと、「すぐにつき合えるかも?」という気持ちになったようです。「心よ、だったらどこでそういう人と知り合えばいいの?」と聞いてみると、「婚活パーティーとかもあるね。でも本当にそれでいいの?」と〝心〟が聞き返してきました。その瞬間、女性の頭に白馬の王子さまのイメージが浮かびました。同時に、「あ、私は母親が納得のいくような相手じゃないと無理と思っていたんだ」ということに気づいたのです。

「心よ、なぜ白馬の王子さまから母親が浮かんできたの?」と聞いてみると、**母親から「家計が大変なのに、あなたにはお金がかかる」といつも言われていた**ことを思い出しました。その女性は、お母さんに苦労をかけているのだから、認めてもらえるように頑張らなきゃと勉強をしてお金のかからない国立大学に進学し、周りからも一目おかれるような職業に就いたのです。

しかし、それでも母親は女性に満足したように見えませんでした。そんな母を見ていると、結婚相手も平凡な男性を連れていったら母親ががっかりするだろうから、それなりにステキな相手を見つけなければ母親と会わせることはできないと思っていたのだといいます。でも、現実問題としてそれは難しく、なかなか彼氏をつくれずにいたのです。

「心よ、母親の目線で男性を選んでしまうから男性とつき合えなくなっていたの？」

「そうだよ。学校も仕事も、これまですべて母親の基準で決めて自分自身の感覚で決めてこなかったでしょ。母親の感覚では、誰とつき合ったってうまくいかないから、これまでつき合えなかったんでしょ」

そう心に言われて、女性は納得しました。実は、合コンに行った時も、「自分だけおばちゃん……」と引け目を感じていたのですが、それは、「**母親の感覚になって男性を見ていたから**なんだ」ということに気がつきました。

そこで、「心よ、だったら自分の感覚になって恋人をつくるためには、具体的にどうしたらいいの？」と質問しました。すると〝心〟は「男性を見る時に、**『母親よ、さようなら』**と言えばいい」と言います。女性にはその感覚が何となくわかったので、さっそく実行してみることにしました。

婚活パーティーでふたりの男性から告白！

女性は、まず婚活パーティーに申し込みました。申し込む時に、億劫な気持ちも出てきたのですが、〝心〟から言われた「母親よ、さようなら」と唱えてみると、「自分に似合った服を買ってから行こう」とひらめいて、なぜか気持ちが軽くなったのです。

いつもは、「そんな派手な服を着て、みっともない」と母親に言われるような気がして、地味な服を着て合コンに行っていましたが、「母親よ、さようなら」と言うと母親の目が気にならなくなりました。すると、「何を着ていってもいいんだ」と自由になれた気がして、買い物に行くのが楽しみになったのです。

婚活パーティーの当日、会場に入ろうとすると緊張が襲ってきたので、ここでも「母親よ、さようなら」と唱えました。すると、「たいしたことないじゃん」と思えて落ち着いたそうです。同時に、これまでは母親から「男を探しに行くなんて、はしたないことをやって……。そんなふうにやってしか相手を見つけられないのかね」と思われているような気がしていたことがわかったと教えてくれました。**女性は、どんどん母親の目が届かない自由を感じはじめていました。**

パーティーが始まっても男性と目を合わせる勇気が出なかったので、「母親よ、さようなら」と唱えてみると、「あなたみたいな地味な子は誰も相手にしてくれないよ」と母親から言われていたことを思い出したそうです。でも、「そんなの関係ない」と思い直すことで、相手の目を見て話ができました。

また、「男性の前では純粋でいなきゃ」という母親から植えつけられた価値観も必要がなくなり、気がついたら自分は男性と一緒に下ネタを話し、友達といる時のように笑って楽しめたといいます。

パーティーの終わりに告白タイムがあったそうですが、そこで男性ふたりから「お友達からつき合ってください」と言われて女性はびっくりしました。これまでのパーティーといったら壁の花状態で、「誰も自分に話しかけてくれない」「誰からも選ばれなかった」というのが常だったからです。なのに、ふたりの男性から声をかけられたという事実に驚き、「母親よ、さようなら」の呪文ってすごいかもしれないと、あらためて思ったそうです。

その後、久しぶりにカウンセリングに来た女性は、「結婚が決まりました！」と相手の男性まで連れてきました。逆に、「こんなところに、彼を連れて来て大丈夫なの？」と私が心配すると、「何でも話せる相手じゃないと、結婚できないじゃないですか！」と女性に言われて、私のほうが納得してしまいました。

POINT
こうすればリミットレス！

母親の価値観から解放される

この例のように、彼氏がほしいのにできないと悩んでいる女性たちの心の奥底には、本当はほしいと思っていなかったり、母親から植え付けられた価値観が色濃く残っていたりすることが往々にしてあります。

そんな時は、ぜひあなたの心に聞いてみてください。すると、心がその答えを教えてくれることでしょう。

ケース②

相手の行動が気になって仕方なく、ストーカーまがいの行為をして自己嫌悪に

女性・35歳・総合職

職場の上司とデートをして、なりゆきで一度きり男女の関係になりました。それからというもの、相手の行動が気になってしまい、いつも「あの人は私のことをどう思っているのだろう？」と不安になってしまいます。みんなには関係を公にしていないので、さりげなく「○○さん（上司）って誰か好きな人いるのかな？」と同僚に聞くと、「あ〜、あの人、総務課のEさんのことが好きみたいよ」と言われ、大ショック。

それ以来、彼の行動をSNSなどで逐一チェックするようになってしまいました。でも、チェックすればするほど、上司とその女性がつきあっている疑いが濃厚になってきました。上司が何をしているのか知っているのに、あえてLINEで「今、何をしている

の?」と探りを入れ、本当のことを言わなかった時にそれを追及したところ、ついには既読スルーをされるようになってしまいました。

このまま彼のことを追いかければ、相手は逃げてしまうというのは何となく感じられるのですが、不安に取り憑かれてしまってそれを止めることができません。

不安をすり抜ける「はかり知れない愛」

「どうしたら、彼の気持ちを自分に振り向かせることができるのでしょう」と深刻な顔で相談してきた女性。そこで、女性と一緒に〝心〟に聞いてみることにしました。ところが、女性はいきなり「心よ、彼は私のことが好きですか?」と聞いてしまいました。それに対して〝心〟は「あなたのことを愛している」と答えます。

私は隣で「おいおい、そんなことを言っちゃって大丈夫?」と心のなかで叫びました。

女性は、「心よ、だったらなぜ私のほうに振り向いてくれないの?」と質問をすると、

〝心〟は「**あなたが必死すぎるから、あなたに愛を証明する必要がない**」と返してきます。

女性はその答えを聞いて、自分のことを思ってくれているという相手に愛を証明する必要は感じないかもしれないと納得しました。女性は自分が必死になるからいけないのだと反省し、心にこう質問しました。

「心よ、それでも不安になって彼をチェックするのを止められそうにないんだけど……」

「あなたは、**はかり知れない愛**を知らないからそうなる」

「はかり知れない愛」と言われ、女性は母親からは愛されて育ったと思っているけれど、それとは違うのだろうかと疑問に思ったので、「心よ、それは母の愛とは違うの？」と聞いてみました。すると〝心〟は、「母の愛って、あなたがいい子にしていたら愛される、というやつだから違うよ。何もしなくてもどんな自分でも愛される、というのがはかり知れない愛です」と教えてくれました。

「心よ、だったらどうやったらはかり知れない愛を知ることができるの？」と質問を投げかけたその時です。女性の中にあるイメージが湧いてきました。

不安という大きな波がいくつも襲ってきます。そのたびに「**はかり知れない**

愛を知る」と唱えると、波は女性をすり抜けていきます。やがて波が凪《なぎ》になり、静かな世界が広がっていて安心した気持ちになれたそうです。

無意識にある「しがみつくことが愛」という幻想

女性は、家に帰って彼のＳＮＳをチェックしたくなる気持ちが襲ってきたら、早速「はかり知れない愛を知る」と言ってみました。すると、〝心〟が見せてくれたイメージのように、その衝動が自分から過ぎ去っていくのが感じられたと言います。

「彼が他の女性とつき合っているんじゃないか」という不安に襲われても、「はかり知れない愛を知る」と唱えていると、彼にＬＩＮＥをしたい気持ちが抑えられました。

「自分がアクションを起こさないと、相手が自分から離れてしまうのでは？」と不安になった時も「はかり知れない愛を知る」と唱えると、「私って彼から振り向いてもらうことじゃなくて、彼から捨てられてしがみつくことを望んでいたのかもしれない」ということに気がついたそうです。

なぜそう思ったのかというと、小さい頃から「母親に捨てられるかもしれない！」という不安を感じていて、「母親から捨てられない良い子にならなければ」と必死で母親にしがみついてきたことを思い出したからです。同時に、**「相手にしがみつくのが愛だと勘違いするようになっていた**んだ！」ということにも気がつきました。

だから、相手から嫌われるようなストーカーまがいの行為をして、相手を疑うような態度のメールを出してしまったのです。そして、「好きな人から嫌われるかもしれない……」としがみつくことで〝愛〟を感じていたのだということが見えてきました。

ありのままの自分に人は引き寄せられる

女性は上司のことで不安になると、すぐに「はかり知れない愛を知る」と唱え続けました。すると、「彼はそのままの私を愛してくれている」と感じるようになり、彼にいっさい魅力を感じなくなってしまったそうなのです。

そこで女性はちょっと不安になりました。

「心よ、この先、私は誰ともつき合うことができないの？」

「中身がないのはいらない！」

わけのわからない答えが〝心〟から返ってきましたが、もしかしたら「私が一緒にいて不安になるような、中身がない男はいらない」ということなのだろうかと〝心〟に確認してみると、「そうだよ」と答えてくれました。

たしかに気になっていた上司は、学歴もあって女性への愛もあるかもしれないけれど「中身がない」というのは何となくわかるのです。女性が気を使って話を合わせてあげなくちゃいけない感じとでも言いましょうか。たしかに「これでは安心はないな」と理解した女性。そこで、〝心〟にさらに質問してみました。

「心よ、どうしたら〝安心〟できるような男性と出会うことができるの？」

「『はかり知れない愛を知る』と唱えていれば、引き寄せられてくるよ！」

言われた通りに唱えているうちに、女性は同性から恋愛や職場の相談をされるようになってきました。以前の自分より話しかけやすくなったようです。

「心よ、この調子で唱えていれば男性も引き寄せられてくるの？」

「そうだよ！」

その時、女性のなかに、ある男性の姿が浮かんできたそうです。まだ、見たことも会ったこともない男性の姿が見えた時に、「はかりしれない愛」とともに、不思議と安心することができたと教えてくれました。

この女性とはその後、会っていませんが、おそらく素敵な恋人と出会える日も近かったのでしょう。

POINT
こうすればリミットレス！

しがみつくことは愛ではないと気づく

相手の行動が気になり出すとチェックせずにいられないという人もいますが、それはこの女性のように、捨てられたくない、嫌われたくないと相手にしがみつくことが愛だと錯覚しているのかもしれません。

人はそのままのあなたを愛してくれるのです。だから、必死になる必要はありません。相手の行動が気になって仕方がないという方は、ぜひ「はかり知れない愛を知る」と唱えてみてください。

ケース③

奥さんと別れない彼との不倫関係を抜けられない

34歳・女性・事務職

既婚の上司から奥さんのことで相談に乗っているうちに、不倫関係になってしまいました。しかし、「いつかは妻と別れて君と一緒に暮らしたい」と言われてからすでに7年が過ぎてしまいました。奥さんは私よりだいぶ年上で、ふたりの間には子どもはいないので、いつでも離婚して私と結婚できるはず。なのに、「ある程度まとまったお金ができないと離婚できない」「今は難しい」などと言われてしまいます。このことを友人に相談すると、「不倫なんてやめちゃいなよ、続けていてもろくなことないよ」と、決心のつかない私に軽蔑のまなざしを向けてきます。

「奥さんに魅力を感じていないのだから、別れて私と一緒になればいいのに」と彼にいう

と「そんな単純な話じゃない」と言われ、苦しくなってしまいます。

情けがあると見えなくなるもの

不倫関係で苦しんでいる時に〝心〟はいったいどう答えるのか? そこで、まずは大雑把に「心よ、今、何が起こっているの?」と女性の心に聞いてもらいました。

すると、その女性は「サッカー場が見える」と言いました。そこでは、上司の奥さんと思われる人が、上司というボールを頻繁に蹴りながらドリブルをしていたそうです。女性はボールを奪おうとするのですが、上司を蹴るのをちゅうちょしてしまうので、奥さんから奪うことができません。その間にも奥さんは思いっきり上司を蹴り飛ばして、ゴールのほうにボールを持っていき、そしてシュートを決めているといいます。

これを見た女性は、「心よ、なぜ私にはゴールができないの?」と聞いてみると〝心〟は**「情けがあるから」**と返してきます。たしかに、冷徹な奥さんのほうがボール(上司)

をキープし続けていたのです。

さらに〝心〟は、「あなたは奥さんのゲームの中に入れられてボールを奪われ、ゴールを決められているだけ。奥さんは、誰よりもボールをうまく支配して、その結果、ゲームを支配していることを示している」と言いました。

「心よ、どうやったら奥さんからボールを奪い、ゲームを支配することができるの？」

「ボールを思いっきり蹴りなさい！」

ボールを蹴ることというのは、上司を責めて精神的にも肉体的にも痛めつけることなのかな？　と思って〝心〟に質問をしてみると、「痛めつければ痛めつけるほど、ゴールの可能性が出てくるでしょう」と言われました。

蹴り飛ばされることで、愛されていると錯覚している人たち

その時、女性の頭のなかに、再びイメージが浮かんできました。具体的に自分が上司を責めて追い詰めている場面です。女性は咄嗟《とっさ》に、「そんな面倒くさいことしたくない」と

思ったそうです。

しかしその瞬間〝心〟は、「それをされるのがボールだから」と返してきました。女性はハッとなり「もしかして、上司って虐《いじ》められて叩かれることが趣味なの?」と〝心〟にたしかめてみると、「それがボールの性質だから」と言われて、一気に上司への気持ちが冷めてしまいました。

つまり、奥さんから上司を奪っても、上司は自ら叩かれるためにまた別の女性をつくり、そうなったら今度は自分が思いっきり上司を蹴り飛ばしてキープする関係になるんだ、ということに女性は気がついたのです。

そこで、「心よ、お互いに尊敬しあって大切に思いやりながら愛を育む家庭を、あの人とはつくれないの?」と質問をすると、今度は、キッチンで金色に輝くトロフィーに付随している小さなボールを、一生懸命に磨いている姿が浮かんできました。

女性は、そんなイメージを見せる心に「意地悪だな」と感じながら、「心よ、私が蹴り飛ばさなかったら、上司は邪魔な置物としての価値しかないってことなの」と聞くと、〝心〟は「正解!」と言いました。

女性はますます怒りが込み上げてきました。なぜなら、さんざん奥さんに蹴飛ばされてボロボロになったサッカーボールを自分のものにしようとしているイメージが湧いてきたからです。女性は、「使い古され、癖のついたボールじゃなくて、新品のボールが欲しい」と思いました。

そこで、「心よ、どうしたら新品のボールを手に入れられるの？」と聞いてみると、〝心〟から「そもそもあなたはサッカーがしたいの？」と逆に質問をされてしまいました。女性は、「いや、相手を責めたり蹴飛ばしたりする関係を求めてはいません」と言いました。女性は自分を支えてくれる優しい男性を求めていて、年上で包容力があるように見えていた上司がそうだと錯覚していたのです。

「心よ、どうしたらそんな男性と出会うことができるの？」と聞いてみると〝心〟は「これまで愛されなかったことを嘆き悲しみ、涙を流しなさい」と言いました。女性はその答えに大きな衝撃を受けました。「なんてひどいことを〝心〟は言うんだ」と思ったからです。

でも次の瞬間に、「その悲しんでいる時に慰めてくれる人が、あなたの求めている人だから」と言われて、女性は納得がいったようでした。上司と不倫関係になった時は、上司の奥さんの愚痴を聞かされて自分が慰める役割だったことを思い出したからです。

女性はうれしそうな表情になって、「じゃ、嘆き悲しんできます」と言って帰っていきました。

私はその後ろ姿を見て「本当にあれで嘆き悲しめるのかな」と思いながら、「サッカー選手でもいいのにな」と不謹慎なことを考えてしまいました。

POINT
こうすればリミットレス！

相手のことを本当に好きなのか冷静に考える

不倫をしている渦中の人は、この恋こそ本物だと思いがちですが、実は、この例のように、奪い合いのゲームに入れられ「本当に好き」だと錯覚している場合も往々にしてあるのです。「愛されなかった思い」が残っていると、「彼が好き」なのではなく、「愛されるゲーム」をしてしまうのです。ご注意ください！

第5章

リミットレス！健康の悩み編

ケース①

深刻な病気なのではと悩み出すと、心配で眠れなくなってしまう

54歳・男性・専門職

　ある時、目がかすんでいつもと違う、と感じたのですぐにインターネットで目の病気を検索しました。すると、あてはまりそうな病気がいろいろ出てきて、「もしかしたらこの病気かもしれない。この先、視力がどんどん落ちてしまったらどうしよう、検査をして本当に大変な病気だったらどうしよう……」と不安になって眠れなくなってしまいました。

　眠れないので余計に目がかすみ、慌てて病院に行ったら「特に異常はありません。少し気になるところはありますけど、経過を観察して見ましょう」と言われてひと安心。ところが、少したつと医師の言った「少し気になるところ」という言葉が頭から離れず、「もしかしたら進行性の大変な病気のことを隠しているのでは?」とまた不安になってしまい

ました。病院で異常はないと言われたのに、再びネットで検索し、病気の人の体験談を読み続けて眠れなくなってしまいます。

よく眠れないので朝起きるのがつらく、遅刻しそうになる悪循環。仕事に力を入れることができなくなり、「本来の自分じゃない」と感じるようになっています。

罪悪感から逃れるためにつくり出されたドラマ

この男性のお話を聞く限り、普通だったら「うつ状態からくる〝心気妄想〟でしょう」と判断し、「眠れないのなら、精神科か心療内科で治療をしてもらってください」となります（心気妄想とは、実際に病気ではないのに病気だと確信してしまう症状のこと。うつ病や統合失調症などに見られます）。

しかし、「リミットレスの心だったら、ここからどんな展開を見せてもらえるのか？」ということを知りたくて、一緒に男性の〝心〟に聞いてみることにしました。

「心よ、私はなぜ病気のことで不安になってしまうの？」

「何もない人生にドラマをつくり出したいから」

私は、なんて失礼なことを言うんだと焦りましたが、男性は妙に納得しています。

「心よ、なぜドラマをつくり出さなきゃいけないのですか？」

「**だらだら生きていることに罪悪感を抱いているから**」

そして、〝心〟は、その罪悪感が**父親から入れられている**ことを示してくれました。父親はいつも一生懸命に働いているタイプの人で、男性は「お前はダラダラできていいな」

という、父親からの責めの視線を感じていたのです。

当時学生だった男性は、家計を支えることなどできませんでしたが、働いて稼げるよう
になっても「ダラダラ仕事をして何も生産的なことをしていない」という罪悪感がいつも
ついて回っていたと言います。

「心よ、父親と会っていないのに、なぜいまだに責められている感じがしているの？」

「今でも父親があなたのことを責めているから」

「もしかして、『何もしていない！』と父親が責めることから逃れるために、大病である
というドラマをつくり出しているの？」

「そうだよ」

まさか、健康に対する不安は、働き者の父への罪悪感からきているなんて。思いもよらないことに男性は驚きました。

相手のものは相手に返す

「心よ、だったら、父親から責められている感じをなくすには、どうしたらいいの？」

「かいざるのものはかいざるに」

そう心は答えてくれましたが、男性にはなんのことかさっぱり理解できません。しかし、家族がキリスト教信者で小さい頃に教会に通わされていた私には、それが聖書に出てくる言葉だとわかりました。そこで、「心よ、カイザルって、あのローマの皇帝のこと？」と男性に心へ質問してもらうと、心は「そうだ」と答えました。

カイザルのものはカイザルに。これは、イエスキリストを陥れようとした律法学者たちのエピソードにある、有名なフレーズです（私と違い、男性はクリスチャンではなかったと思いますが、どこかでこのフレーズを見聞きしており、それが急に思い出された可能性はあります）。

イエスキリストを陥れようとした律法学者たちが、イエスに「カイザルに税金を納めてもいいのでしょうか？」と質問をしました。

するとイエスは、税金として支払う硬貨を持って来させて、「（硬貨に描いてある）これは、誰の肖像、誰の記号か？」と学者たちに尋ねました。学者たちが「カイザルのです」と答えると、イエスは「カイザルのものはカイザルに、神のものは神に返しなさい」と答えました。もし、イエスが「神にのみ献金すればいい」と言えば「ローマの皇帝にたてつく悪いやつだ」と捕まえて反乱分子として処刑してもらおうという算段だったのですが、イエスは**「その人のものならその人のところへ返せばいい」**と説いて、この世の権威と神の両方を尊重することが可能であることを教えたというお話です。

男性にこのことを説明すると、男性はなぜこの話が出たのかを理解し、〝心〟にこう聞きました。

「心よ、責めているのが父親だから、それを父親に返せばいい、ってこと？」

〝心〟は、「それでいいよ」と答えてくれました。

「心よ、でも、そんなものを返したら父親が苦しくなったり病気になったりしない？」

「それはない。それはその人のものだから」

男性はその言葉を聞いて安心し、「自分が不安を返したせいで父親が調子悪くなったら、夢見が悪いですからね」と嬉しそうに帰っていきました。

責めや期待から解放されたその先には、果てしない自由が待っている

それからというもの、男性は「胃の調子が悪いから、胃に悪いものができていたらどうしよう？」と不安になったら、「カイザルのものはカイザルに」と唱えるようにしました。すると、本当に不安が消えていて不思議だと教えてくれました。さっきまで胃の調子がおかしかったのに、それがなくなってしまうそうです。

身体の不調に対する不安がなくなると、今度は仕事をきちんとしていないことに対する責めが浮かんできたと言います。そこで再び「カイザルのものはカイザルに」と唱える

と、「誰からどう思われようと関係ない」と思えたと、嬉しそうに話してくれました。

同時に、生活習慣も変わってきたそうです。今まで、不安をごまかすためにテレビをつけっぱなしにしたりインターネットの動画を見続けたりしていたのですが、その必要がなくなったので、ゆっくりと食事をしたり風呂に浸かったりすることができるようになったのです。

そうしているうちに、面白いことが起こりはじめました。これまで挑戦したことがない仕事に対して「やってみようかな……」と思えるようになったそうです。そして実際に挑戦してみると、けっこういい手ごたえが感じられ、それまでの自分だったら考えられないような業績が挙げられるようになったそうです。

時には周りから期待されプレッシャーを感じ、「また体調が悪くなるかも……」と不安になることもあるそうですが、「カイザルのものはカイザルに」と唱えると、「人からの期待は自分には関係ない」と思えて、自由になれるそうです。

そして、虚弱体質だった男性が「トライアスロンに挑戦するためにトレーニングをはじめました」と笑顔でおっしゃった時は、「本当に体調不良は気分によってつくられたものだったんだ」と驚きました。

「人は、誰の期待も責めも一切背負う必要がなくて自由なんですね」という男性を見ながら、「リミットレスってこういうことなんだな」と頼もしく感じました。

POINT
こうすればリミットレス！

罪悪感は、植え付けた相手に返してしまおう

人は、健康に対する不安を抱え、自分を弱き者として扱いがちですが、本当はそれさえも自分がつくり出している可能性があります。このケースのように父親への罪悪感から不健康な自分をつくり出していたということがわかれば、それは父親に返してしまいましょう。不安から解放されて自由が待っています。

ケース②

介護疲れで、これから先の人生に希望が持てない

55歳・女性・専業主婦

母が元気だった頃は、私の行くところ行くところに現れては、私に対する愚痴を言いふらしていました。いつも周りの人を巻き込み、私の居場所をなくさせるのです。

そんな母が体調不良をきっかけに、突然弱気になって世話を求めてきました。最初は病院の付き添いだけでしたが、だんだん動けなくなり、食事の用意や掃除洗濯までやるようになりました。でも、毎日だと私も体力的・精神的に持たないと思い、母のところへ通うのを3日おきにしたところ、わざとトイレが汚してあったりお風呂に入らなかったりして、私を困らせるのです。

子どもが自立をして、やっと自分の時間が持てると思ったのに、今度は母の介護に直面

です。母の状態が改善される希望もなく、あんなにひどいことをされた母に自分の時間を奪われるかと思うと、これから先の人生に全く希望が見出せません。衰えて横たわっている母を見て「早く逝《い》ってくれればいいのに」と不謹慎なことを考えては罪悪感が湧いて、どうしようもない気持ちになってしまいます。

娘を巻き込む母親は確信犯

介護の問題で将来に希望が持てないという女性と一緒に〝心〟に聞いてみることにしました。「心よ、一体何が起きているの？」と聞いてみると、〝心〟は「母親に振り回されている」と返してきました。「そんなのわかっているよ」と、女性がちょっとムッとして返答すると、〝心〟は「母親が確信犯だということを知っているの？」と聞き返してきました。

「心よ、確信犯って、わざと私を巻き込もうとしてやっているってことですか？」と質問すると、〝心〟は「正解」と答えました。女性は、「正解したってうれしくもなんともない」と怒っています。

心が言うには、ヘルパーさんなども頼めるはずなのに、女性は自分の悪口を母親がヘルパーさんに吹き込んだら大変だと思っているので、ひとりで介護を抱える状態をつくっているそうです。

すると、女性の頭の中にこれまでのことが浮かびました。女性が通っていた美容室やゴルフ教室などに母が現れ、そこで自分の悪口を言いふらしています。そのたびに女性は「もうそこには通えない」と別の場所を探すことになりました。安心できる場所が、母親によって次から次へと潰されたことが思い出されてきたのです。

母から自由になるために、母に友達をつくってあげていた？

そんな時に〝心〟が面白いことを言いました。

「みんなが母親の愚痴を真に受けて母親の味方になることで、あなたは母親に関わる必要がなくなったでしょ」

「え？　何のこと？」

「母親に友達がいなかったら、あなたが母親の面倒を見なきゃいけなかったでしょ。でも母親があなたの愚痴を話す相手をつくっているから、これまであなたは母親に関わらないで自由に生きてこられたじゃない」

そんな〝心〟の言葉にハッとした女性。実は母を連れ出してくれるおしゃべり相手がいてくれたから、これまで女性は母の世話をあまりせずに済んでいたのです。

ここで、女性はピンときました。「心よ、もしかしたらヘルパーさんを入れて母の愚痴を聞かせることで、私は自由になれっていうの？」と聞くと、心は、当たり前だという感じで、「そうだよ」とだけ答えたのです。

「でも、そんなことしちゃっていいの？」と女性が聞くと、〝心〟は**「あなたが自由になることが大切だから。あなたの幸せがみんなの幸せ」**と教えてくれました。

たしかに母親の気持ちになったら、「早く逝っちゃえばいいのに！」などとひどいことを思っている女性に世話をされているよりは、他の人を巻き込んでチヤホヤされているほうが絶対にいいのかもしれないと思ったのです。

「でも心よ、ひとつ問題があります。母親は異常な見栄っ張りで、他人を自分の家に上げるのを嫌がるのですが……」

「だったら、お母さんの素敵な部屋をヘルパーさんたちが見たいと言っているんだけど……と伝えなさい」

そう教えてくれました。

女性は、母親がにんまりしながら「え、部屋を見たいの？」と言う顔が浮かんでくるようだと言いました。


その後、女性は少し後ろめたさを感じながらも、介護の専門家に相談してみました。介護の専門家が母親の介護の度合いを認定するためにやってくるというので、母に「ヘルパーさんがしっかりしているお母さんをぜひ参考にさせて欲しいので、家に来たいと言っているけど、いいかな？」と心が教えてくれたことをアレンジして伝えてみました。すると母親は、「しょうがないわね〜」と言いながら、自分で部屋をきれいにしはじめました。

「動けるの？」と突っ込みたくなるのを我慢しながら、女性は母親の背中を眺め、「もしかしてこれだけ動けたら介護は必要ないと言われるかも？」と不安になったそうです。

あえて愚痴を言わせるようにしたら、母への感謝が湧いてきた

認定の当日、介護の専門家が来た時には、母親はしおらしく横になっていました。女性が「ちょっと席を外します」と言って部屋に戻ってくると、専門家の、女性に対する目が冷たくなっているのを感じ、「あ〜、また、母が私の悪口を言ったな」と思った一方で、心の言う通りになっているので、しめしめと思いました。

その後、ヘルパーさんが家に来てくれることになり、ヘルパーさんたちが母親の味方になっていくにつれ、女性は母の家から閉め出されていくようになりました。母親は、娘を悪者にして、見事に関わる人を次から次へと味方にし、お世話をする人を増やしていったといいます。

母親によって締め出されている状態なので、女性は自分の好きなことをしていてもちっとも罪悪感を抱くことがなくなりました。

そして、心が言ってくれていた**「私の幸せがみんなの幸せ」**という言葉

を思い浮かべると、「もっと楽しまなくちゃ」と思えるようになったと言います。そして、自分が楽しんでいると、衰えていく母親もいろんなものから解放されて自由になっているんだと、温かい目で見てあげられるようになるそうです。

遠くから、いろんなものを手放して自由になっていく母親を見ながら、女性はいつの間にか、これまでの感謝とともに母親のことを心から尊敬することができるようになっていました。

POINT

こうすればリミットレス！

あなたの幸せがみんなの幸せだと気づく

今の時代、親の介護でさまざまな問題が起きてきます。この例のようにまる抱えしなければならないと思っていたのは、自分のなかにその原因があったということに気づけば、介護問題も楽になるのかもしれませんね。

ケース③

暗いニュースを見聞きすると、死への不安が募り夜も眠れない

49歳・女性・塾講師

世界の各地で起こっているテロや紛争のニュースを見聞きするたびに、「巻き込まれて自分も家族も死んでしまうかもしれない……」という不安でいっぱいになります。ネットで情報を調べまくり、「どうしたら生き残れるか?」ということをずっと考えています。家族に、「逃げる準備をしなきゃ」と伝えたら、最初のうちは笑われていたのですが、あまりにも私がしつこく言うので「いい加減にしなさい」と怒鳴られてしまいました。

以前は「放射能で病気になるかも」と不安になっていたのですが、今では戦争やテロのことを考え出すと、仕事にも手がつかなくなってしまうことがしばしばです。

「何もないことの美しさ」を感じなくさせる恐怖

不安で押しつぶされそうになっている女性が来室した時、これは専門的にいえば、精神科で見てもらう必要があるのかもしれないと思いながら、話を聞いていました。でも、女性の〝心〟が「病院に行け」と言うのかどうかを知りたくて、私は女性と一緒に〝心〟に聞いてみることにしました。

「心よ、何が起きているの？」とざっくり聞くと、〝心〟は「何もないということに対する恐怖があるね」と言いました。

私が期待していた〝心〟からの答えは、「お薬を処方してもらって、ゆっくり休もうね」だったのですが、そうではありませんでした。〝心〟は続けて言いました。

「何もないことは美しいことだけど、その美しさを打ち消す恐怖を、あなたは抱えてしまっている」

しかし、女性はこの〝心〟の言葉の意味を理解することができない様子。わけがわからなくなって〝心〟に「死んでしまって何もなくなることは〝恐怖〟じゃないの？　何もなくなることが美しいってどういうこと？」と質問をしてみましたが、「恐怖を抱えているから、その美しさが感じられないだけ」と言われてしまいました。

周りの人の不安を請け負い、さらに不安に

そこで、「心よ、どうやったら、その恐怖から離れることができるの？」と質問すると、**「その恐怖はあなたのものじゃないということを、知りなさい。恐怖を感じないようにしている〝誰か〟の恐怖をあなたが請け負っている」**と言われて、わけがわからなくなりました。

その時、女性の脳裏に「もしかして……」と思い当たることが浮かんできました。自分が恐怖を感じて家族に訴えれば訴えるほど、家族は楽観的になり、「そんなこと誰も気にしていないよ」と言われてしまうのは、自分が焦れば焦るほど周りが冷静になるということなのではないかと思ったのです。

心に「これが、周りの人の恐怖を請け負っているってこと？」と確認をしてみると、

「そう。**あなたが周りの人の不快な感情を請け負って不安になったり苦しんだりすること**

で、周りの人たちはそこから自由に生きられて楽になっている」と言ったのです。

「心よ、これはいったいどういうことなの？」と聞いてみると、女性の頭のなかに、あるイメージが浮かんできました。家族や周りの人たちから汚水のようなものが自分に向かって流れてきて、それを女性は頭で受け止めて処理をしているのです。

〝心〟は、「あなたは〝自分が不安を請け負うことで周りの人を助けている〟と思っている。だから、自分がいなくなってしまったらこの世界が不幸になってしまう、崩壊してしまうという不安があって、ここから抜けられない」と言いました。

心にそう言われて、女性は転職をしたときに「私が抜けたらこの会社はダメになる」と思っていたことをフッと思い出しました。同時に、「自分が抜けたって会社はまったく不幸になっていないし、むしろどんどん成長している」と思うと、悔しい気持ちになってきました。

その時です。〝心〟が「ほら、あなたが周りの人の不安を請け負わなくても、みんなうまく回していけるでしょ」と言いました。女性はその言葉で、自分がいなくなっても誰にも何も関係ないのだということに気がついたのです。

「何もなくなる」ことに不安があったはずなのに、**「自分がいてもいなくても変わらな**

い」ということがわかると、「もしかしたら、自分はもっと自由なのかもしれない」と思えるようになったと話してくれました。

死への不安も一瞬のもの

その時〝心〟が「では、今の気持ちのまま〝死〟について考えてごらん」と振ってくれたので、女性は「自分が死ぬこと」を想像してみました。苦しみも悲しみも一瞬で消え去ってしまい、その後に真っ白なキャンバスが広がって見えたそうです。

そのキャンバスの横には螺髪《らほつ》（仏像に特有の丸まった頭髪）の僧侶みたいな人が座っていて、そこに広がっている砂を使いキャンバスに美しい絵を描きはじめました。美しい絵が完成したと思った時に、強い風が吹いてきて砂が吹き飛ばされて、再び美しい白いキャンバスに戻ります。すると、僧侶は「ほら、元に戻ったでしょう」と笑顔で女性に言ったそうです。

次に、僧侶は母親の姿に、そして父親の姿になって、それぞれ別の絵を白いキャンバスに描きますが、風が吹いてきて砂は吹き飛ばされて、そこには白いキャンバスだけが残っていたそうです。その後も僧侶はいろんな人に姿を変えて、砂で美しい絵を描いてくれました。やがて、女性のなかで〝心〟が伝えようとしていたことがわかってきました。

「心よ、私は死ぬことに対して、いくら不安になってもいいんですね」と聞いてみると、心は「そうだよ」と答えてくれました。いくら不安になってキャンバスに絵を描いてみても、一瞬でそれは消えてしまうということがわかったのです。

それはつまり、**どんなに自分が不安になって先のことを心配しても、時が来たらそれは一瞬にして消え去る**ということ。どうせ白いキャンバスに戻ってしまうのだから、いくら心配しても問題はありません。

やがて、女性は「自分はこのキャンバスの上に〝心〟が映し出してくれる美しい風景をいつまでも眺めていたい」と思うようになったと教えてくれました。

それからの女性の生き方は、これまでとは変わっていきました。「死んでしまうことが不安でしかたがない」という不安を克服したことで、それまでとはうって変わって、何をするにもどんどん無駄な力が抜けていったのです。

女性から無駄な力が抜けていくと、今度は不思議と人々が引き寄せられて、「みんなと共に生きている」という感覚が得られるようになったと言います。「自分が求めていた感覚はこれなんだ」といつの間にか感じられるようになったそうです。死の不安の向こうにあった不思議な一体感は、いつしか女性と共にそこにあったのです。

POINT
こうすればリミットレス！

どんな不安も必ずいつかは消えると悟る

人は不安を感じる時に、肩の力が入り、身体も心も緊張しています。しかし、この女性のイメージにあったように、いくら不安になってもそれらはいつか必ず消えていくもの。不安は続くものではないのです。そう考えることができるようになれば、もっと楽に生きられるのかもしれませんね。

エピローグ

私はずっと「この目で見ている世界が現実」だと思っていました。だから、通帳を見た時に「お金がない」という現実があり、毎月の給料がこれだけだから「この先お金なんか貯まるわけない」と、「限界」が見えてしまっていたのです。

私の目で見ている世界は〝限界〟だらけでした。若い頃は「まだこれができるかも」とか「これからあれができるかも」など、限界を超えられるかもしれないという〝夢〟や〝希望〟があったのですが、年齢や経験を重ねるごとに希望が閉ざされていき、いつの間にか自分の周りは〝限界〟だらけになって〝夢〟も消えていったのです。

そんな時に「心よ」と自分の中に問いかけてみると、自問自答をしているような感じで答えが浮かんできます。でも、その考えは、それまでの〝自分の考え〟とは違っていて、たとえば、「『お金がない』っていっても、はじめからお金の存在なんてない。すべて幻想だから」と私の限界を超えた答えが浮かんできます。

このように、自分のなかに答えが浮かんできた時に、私は「自分で都合のいいように自分の中で答えをつくり出しているのだ」と考えていました。それでも私は自分の限界を超えたくて、心に問いかけながら生活をしていました。

すると、「もっと、さらに、どんどん！」と自分のなかの要求が上がっていき、現状では満足しない自分がいることがわかり、やがて「あの時の自分の限界を超えている」ということにも気づいたのです。

「心よ」と問いかけながら生活をしていると、いつの間にか限界を超えているので、気がつかないうちに私のなかのハードルが上がっていきます。それでも心に聞いていくと、心はリミットレスなので、どんどんハードルを越えていきます。さらに高いハードルが私の目の前に立ちふさがり、「これは越えられないでしょう」という限界が訪れます。でも、面白いのは、この限界は「私の目を使って見ているからできたもの」なのです。「心よ、このハードルは越えられるの？」と質問をすれば、「そんなの簡単！」という答えが返ってきて、「マジかよ」となるのです（笑）。

どんなハードルでも心はリミットレスだから越えてしまうので、それについていくのが大変ですが、そんな時は「限界のある人生を生きたいの？　それともリミットレスで生きるの?」と自分に問いかけてみます。すると「やっぱりリミットレスで生きたい」と答えが返ってくるので、心に聞くのが怖くなってくることもあります。自分の目で見て頭で考えてしまったら、「そんなの無理」となるのですが、心に聞くと、自分が思っていた限界が単なる幻想だったことに気づかされるのです。

心は、自分自身の能力をリミットレスにするだけではなく、人間関係の限界も簡単に超えていきます。

私たちは人間関係においても常識やステレオタイプ(この人はこんな人だから無理、という決めつけ)に縛られて身動きが取れなくなってしまいます。けれど、身動きが取れなくなって限界を感じている時に「心よ」と聞いてみると、限界を超える答えが返ってくるので、足枷《あしかせ》がとれて自由になり、相手への執着から解放されたり、これまで相手に感じたことがないような安心感や一体感を得られるようになったりします。まさに、リミットレスになれるのです。

現状を変えたいなら、心が教えてくれた答えに対して、素直にやってみることです。私はよく、自分の限界を超えたリミットレスの世界が見たくて「心よ」と尋ねて、返ってきた答えのまま行動してみます。

ときには、心が意図していることがわからず、「何でこんなことをやらなきゃいけないの？」と思うこともありますが、ただ行動してみます。心に指示された通りに行動していると、「あ、こんな意図があったんだ」と後から心の目的がわかって、自分の夢や希望が手に入るのです。

こんなことを書いている私でも、心が教えてくれたことに対して「それって違うんじゃないの？」と自分の考えで行動したあげく、「心に聞いたってちっとも変わらないじゃないか！」と心に文句をつけたこともたくさんあります。

でも、そんな時でも心は、「大丈夫だよ。また、私に聞いてごらん」と優しく導いてくれます。そして、自分の考えを捨てて心が示してくれたまま行動していくと、「いつの間にか健康になっている」ことにびっくりします。あんなに病弱で疲れやすかった私が、元気に動けるようになっていたのです。

それなのに、私は「心よ、なぜもっと早く走れるようになれないの？」とさらに文句をつけました。そして、いつの間にか不健康の限界を超えて、体力のリミットレスを望むようになり、心と一緒にトレーニングをはじめていたのです。なぜなら、心のままに生きていて、リミットレスになって自由に走っている人たちがうらやましくなったからです。

心に聞いてリミットレスになっていくと、それまでの不健康な人たちとのつながりがどんどん断たれて、心のままにリミットレスに生きている人たちと出会えるようになります。リミットレスに生きている人を見ると「あんなふうになってみたい」と思うので、さらに心に聞きながらリミットレスになっていきます。こうして、どんどん自分の自由は広がっていくのです。


これまで、自分の人生には、自分の足を引っ張る不健康な人や人間関係の不安、健康の心配、死の恐怖などが必要だと思っていました。しかし心に聞いていると、「これらのものは私の生き方の限界をつくっていただけのものであって、もう必要ない」と捨て去ってくれました。それらをすべて捨て去っていくと、私の足枷は外れていき、リミットレスに生きている人たちとともに光のほうへと導かれていきます。

そこに、私が本当に求めていたものがありました。リミットレスの向こうに。

大嶋信頼（おおしま・のぶより）

Nobuyori Oshima

心理カウンセラー／株式会社インサイト・カウンセリング代表取締役

米国・私立アズベリー大学心理学部心理学科卒業。アルコール依存症専門病院、周愛利田クリニックに勤務する傍ら東京都精神医学総合研究所の研修生として、また嗜癖問題臨床研究所付属原宿相談室非常勤職員として依存症に関する対応を学ぶ。

嗜癖問題臨床研究所付属原宿相談室室長を経て、株式会社アイエフエフ代表取締役として勤務。臨床の中で心の傷に注目し、心的外傷治療に新たな可能性を感じてインサイト・カウンセリングを立ち上げる。

ブリーフ・セラピーのT.F.T.（Thought Field Therapy）を学び認定トレーナー資格取得。FAP療法（Free from Anxiety Program）を開発しトラウマのみならず多くの症例を治療している。


主な著書に『言葉でホルモンバランス整えて「なりたい自分」になる！』『支配されちゃう人たち』『ミラーニューロンがあなたを救う！』（青山ライフ出版）、『「いつも誰かに振り回される」が一瞬で変わる方法』『「すぐ不安になってしまう」が一瞬で消える方法』（すばる舎）、共著に『児童虐待（臨床編）』（金剛出版刊）、『People Who Get Dominated』『Mirror Neurons Will Save Your Life』（以上、AMAZON Kindle版）などがある。

リミットレス！

あなたを縛るリミッターを外す簡単なワーク

2018年2月3日　第1刷発行
2018年2月9日　第2刷発行

著　者　大嶋信頼

発行者　土井尚道
発行所　株式会社　飛鳥新社
〒101-0003 東京都千代田区一ツ橋2-4-3 光文恒産ビル
電話（営業）03-3263-7770（編集）03-3263-7773
http://www.asukashinsha.co.jp

ブックデザイン　小口翔平＋山之口正和（tobufune）
漫画・イラスト　野波ツナ
編集協力　RIKA（チア・アップ）

印刷・製本　中央精版印刷株式会社

ISBN978-4-86410-589-7

編集担当　池上直哉

リミットレス!